혐오, 교실

학교 안 혐오 현상의 실태와 대책

혐오, 교실에 들어오다

학교 안 혐오 현상의 실태와 대책

초판 1쇄 발행 2019년 11월 30일
초판 4쇄 발행 2023년 1월 11일

지은이 이혜정·민윤·박진아·이신애·김아미·남미자·이정연
펴낸이 김승희
펴낸곳 도서출판 살림터

기획 정광일
편집 이지안
북디자인 꼬리별

인쇄·제본 (주)신화프린팅
종이 (주)명동지류

주소 서울시 양천구 목동동로 293, 2215-1호
전화 02-3141-6553
팩스 02-3141-6555
출판등록 2008년 3월 18일 제313-1990-12호
이메일 gwang80@hanmail.net
블로그 http://blog.naver.com/dkffk1020

ISBN 979-11-5930-121-6 03370

이 도서의 국립중앙도서관 출판예정도서목록(CIP)은 서지정보유통지원시스템 홈페이지(http://seoji.nl.go.kr)와 국가자료종합목록 구축시스템(http://kolis-net.nl.go.kr)에서 이용하실 수 있습니다.
(CIP제어번호: CIP2019047027)

혐오, 교실에 들어오다

학교 안 혐오 현상의 실태와 대책

이혜정
민 윤
박진아
이신애
김아미
남미자
이정연
지음

경기도교육연구원
기획

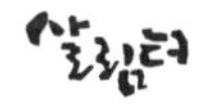

들어가며

1. 혐오, 학교 안으로 들어오다

혐오는 한국사회의 대표적인 키워드 중 하나다. 인터넷 커뮤니티 일베의 혐오 발언과 2016년 강남역 여성혐오 살해사건은 대표적인 혐오 현상이다. 최근 몇 년 간 신문 지상에 오르내린 보수 기독교 세력의 동성애 혐오, 장애인 교육시설 설립을 둘러싼 장애인 혐오, 노키즈존이 드러내는 아동 혐오 등은 더 이상 혐오가 우리에게 낯설지 않은 현상임을 보여준다. 코로나19 집단 감염의 원인으로 지목되고 있는 집단에 대한 혐오 담론 또한 혐오 현상이 한국사회에 깊이 뿌리내려 있음을 드러낸다.

사전에서는 혐오를 '어떠한 것을 불결함 등의 이유로 싫어하거나 회피하는 감정으로, 불쾌, 기피함, 싫어함 등의 감정이 복합적으로 이루어진 비교적 강한 감정'[1]으로 정의하고 있다. 이에 비하여 사회적 현상으로서의 혐오는 어떤 대상을 감정적으로 싫어하는 것을 넘어서서 그 집단에 속하는 사람들의 고유한 정체성을 부정하거나 차별하고 배제하는 태도홍성수, 2017: 24를 뜻한다. 국제법에서도 혐오를

1. https://ko.wikipedia.org/wiki/%ED%98%90%EC%98%A4(2018.3.14.)

사회적 소수자[2] 집단에 대한 격앙되고 불합리한 비난, 적의, 증오의 감정으로 규정하고 있다. 이때 혐오는 단순한 편견과는 다르며, 차별과 연결되어야 한다. 즉, 혐오라는 사회적 현상은 소수자 집단의 구성원들을 증오할 뿐만 아니라 그 정체성을 부정하고 그들을 차별하고 배제한다는 점에서 사회적 문제라고 할 수 있다.

혐오가 일종의 감정 혹은 태도라면, 이를 다양한 방식으로 드러내는 것을 '혐오 표현hate speech'이라고 한다. 이때의 표현speech은 말이나 글만이 아니라 상징물에 의한 의사표시, 복장, 퍼포먼스 등을 포함한다.홍성수, 2017: 26 혐오 표현은 특정 집단에 속한 사람에 대한 증오의 감정을 드러냄으로써 그것을 듣고 접하는 대상에게 고통을 준다.

그런데 이 증오의 감정은 대상이 가진 정체성과 관련된 것이기 때문에 혐오 표현은 그 자체로 차별이 될 수 있다. 특히 빈번하게 사용되는 특정 집단에 대한 혐오 표현은 그 소수자 집단에 대한 차별과 배제를 공고하게 할 수 있다. 예를 들어, '김치녀'라는 여성혐오 표현은 그것을 직접적으로 듣는 여성들에게 모욕감을 줄 뿐만 아니라 이 말이 사회적으로 빈번하게 유통됨으로써 여성이라는 존재와 정체성에 대한 비하와 혐오를 확대재생산할 수 있다. 이 과정에서 여성 차별과 배제를 가능하게 하는 인식과 제도는 당연한 것으로 여겨진다. 그렇기 때문에 여성혐오 표현이 일상적으로 이루어지는 사

2. 소수자는 '역사적으로 불평등한 대우를 받아왔고 현재도 사회에서 불이익을 받고 있는 집단으로서 인종, 성별, 장애, 성적지향 등 고유의 특성을 함께 가지고 있는 집단 또는 그 집단에 속한 개인'을 뜻한다(홍성수, 2017: 27).

회에서 여성들은 일상적인 차별을 경험하게 되고, 이러한 일상적 차별과 혐오 현상은 여성들에게 생존과 존엄에 대한 위협이 될 수 있다. 여성에 대한 강한 증오의 감정이 혐오 표현으로 표출되는 것은 여성에 대한 폭력과 살해 등의 혐오 범죄로 연결될 가능성이 높기 때문이다.

그런데 문제는 이러한 혐오 현상이 학교에서도 발견된다는 것이다. 학교는 사회의 축소판이니 혐오 현상이 학교에서도 나타날 수 있다고 볼 수도 있다. 하지만 헌법과 교육기본법 등에서 규정하고 있는 바와 같이, 모든 학생은 평등하게 교육받을 권리가 있다. 그리고 교육에서의 차별을 해소해야 할 의무가 국가와 사회에 부여되어 있음을 고려해보면, 학교 안에서도 소수자 집단에 대한 차별·배제를 재생산하는 혐오 감정이 일상적으로 표현된다는 것은 매우 심각한 사회적·교육적 문제다. 더 심각한 것은 학교 안 혐오 현상에 대한 적절한 대응책과 체계적 예방책이 없다는 것이다.

관련 주제를 다루는 언론 기사의 양적 증가는 학교 안 혐오 현상에 대한 사회적 관심과 심각성을 보여준다. 뉴스 빅데이터 분석 서비스인 빅카인즈[3~4]를 활용하여 2013년 3월부터 2017년 12월까지 약 5년간 관련 언론보도를 살펴본 결과[5], 2014년부터 현재에 이르기

3. bigkinds.or.kr (2018.03.15. 접근)
4. 학교 안 혐오 관련 기사를 검색하기 위해 빅카인즈 데이터베이스가 제공하는 8대 중앙지를 대상 언론사로 설정하고, '학교'와 '혐오'를 동시에 포함하는 기사를 검색하였다. 검색된 기사 중 초·중등학교가 아닌 고등교육 기관 및 해외 학교 관련 기사는 제외했다.
5. 학교 안 혐오 현상을 다루는 언론 기사의 건수를 비교해보면, 2013년(94건)과 2014년(77건)에는 100건 미만의 기사가 보도된 것에 비해, 2015년에는 144건, 2016년에는 242건, 그리고 2017년에는 330건으로 보도 건수가 눈에 띄게 늘었음을 알 수 있다.

※8대 중앙지 기사 중 학교와 관련된 혐오를 다룬 기사 건수(2013~2017년)

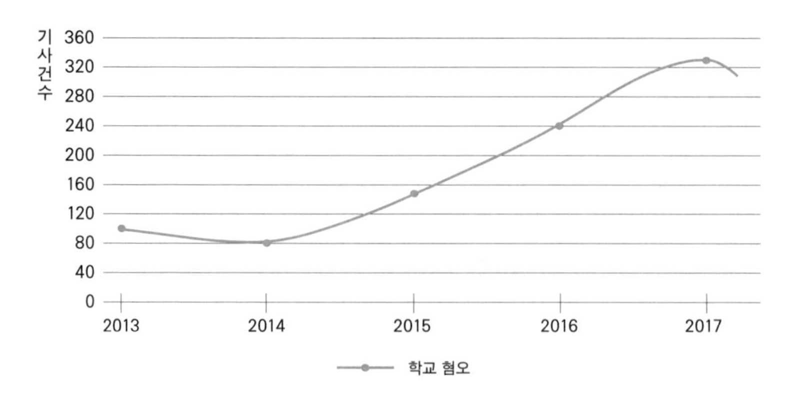

까지 기사 건수가 급격하게 증가하고 있음을 알 수 있다.

교실에서 나타나는 혐오 표현들을 살펴보면, '느금마', '걸레', '게이/레즈' 등의 패드립과 성적 비하 표현이 많고, 학생들은 이러한 말들을 재미있고 웃기는 이야기로 여기고 있다. 뿐만 아니라 이러한 표현을 쓰는 것은 일종의 또래 놀이문화로 일상화되어 있다.김애라, 2017: 16 이러한 교실 내 혐오 표현은 학생들이 많이 접하는 일베 등의 사이트, 유튜브, 온라인게임채널 등의 디지털 미디어를 매개체로 빠르게 확산·공유되고 있다. 이는 디지털 세대인 현재의 학생들이 소수자 집단에 대한 차별적인 시각과 언어를 이전의 어떤 세대보다 이른 나이에 빠르고 풍부하게 접할 수 있으며, 이들이 사용하는 혐오 표현들은 학교를 포함한 일상의 공간에서 또래 놀이문화의 하나로 자리 잡고 있음을 말해준다.

이러한 상황은 '한국사회는 학교교육을 통해 어떤 시민을 길러내고 있는가?'라는 원론적인 질문을 하게 만든다. 공교육인 학교교육은 공공성에 기반하여 모두에게 열린 교육기회를 제공한다. 학교는 개인의 삶과 사회의 발전에 필요한 지식을 전수하는 공간임과 동시에 건강한 시민을 길러내는 곳이다. 미래의 바람직한 학교체제를 제시하는 다양한 논의들이 공통적으로 지향하는 가치는 공공성과 평등교육[6]이다. 학교는 구성원들의 다양성을 포용하여야 하며 안전하고 차별 없는 교육 환경을 제공해야 할 책무를 지닌 공교육 기관이기 때문이다. 최근 발견되고 있는 학교 안 혐오 현상은 지금의 학교교육이 어떤 방향으로 나아가고 있는가에 대한 질문을 제기하게 한다.

6. 4·16교육체제의 비전은 "행복한 배움으로 특별한 희망을 만드는 공평한 학습사회"이다. 이 교육체제에서 추구하는 교육의 가치는 '협력, 공공, 창의, 자율, 생태'이다(이수광 외, 2015: 101~119). 미래교육체제에 관한 연구인 김경애 외(2015)에서는 미래교육의 핵심가치로 공공성, 혁신성, 세계화, 평생학습을 들었다. 미래 교육생태계를 위한 학교교육 재구조화 방안을 도출한 김흥주 외(2016)의 연구는 미래교육의 방향으로 인간 및 생명존중, 상생, 지속가능성, 변화적응을 제시했다.

2. 학교에서의 차별 그리고 혐오

학교 안 혐오 현상이 본격적인 사회문제로 대두된 것은 얼마 되지 않았지만 학교 안에서 이루어지는 소수자에 대한 차별과 배제, 낙인 등은 오래된 문제들이다. 예컨대, 학교에서 성적이 낮은 학생이나 여학생들이 경험하는 차별은 경험적인 차원에서도 다양한 논의가 있었다. "한국 초·중등학생의 30.5%가 성적에 따른 차별을 경험한 적 있다김경준 외, 2014: 248"는 보고나, "성적이 낮을수록 친구나 교사로부터 언어적 폭력을 더 많이 경험했다김소현, 2016"는 연구 결과는 한국사회에서 학교를 다녀본 사람이라면 낯설지 않은 사실들이다. 그리고 학교의 명시적·잠재적 교육과정 모두 성별에 따라 다른 성역할을 규정하고 여성다움과 남성다움을 강조하고 있으며 점차 감소하고는 있으나 취업률에서의 성별 격차도 여전하다.김태정, 2003[7]

장애 학생, 국적이나 인종이 다른 학생, 성소수자 학생들에 대한 차별의 문제 또한 언론이나 연구 등을 통해 꾸준히 밝혀져 왔다. 통

7. 취학률이나 진학률, 취업률에 있어 여성과 남성의 격차가 많이 줄어들었다고는 하지만, 임금 등의 처우와 관련된 격차는 여전히 심각하다. 김창환 외(2019)의 연구에 의하면, 같은 조건을 갖추었다고 하더라도 여성은 남성 임금의 82.6%만을 받는 것으로 나타났다(2019.3.3. 한겨레).

합교육 현장에서 장애 학생들은 언어폭력에 노출돼 있으며,김요섭, 2015 이주노동자의 초등학생 자녀들은 학교에서 언어, 교우관계, 정체성 등과 관련하여 갈등을 경험하고 있다.배은주, 2006 학교에서 성소수자 학생들은 차별과 괴롭힘의 가능성을 일상적으로 느끼고 있으며, 실제 괴롭힘을 당한 경험이 있는 학생들은 우울증과 학습의욕 저하를 경험하고, 자살기도와 자해 가능성이 높다.장서연 외, 2014 그리고 대부분의 성소수자 아동·청소년은 학교에서 비가시화 되고 있으며[8], 이는 학교에서 동성애 혐오, 트렌스젠더 혐오가 재생산되는 것으로 연결될 수 있다.김지혜, 2016; 조대훈, 2006

학교에서 이루어지는 소수자 학생들에 대한 차별 관련 논의들은 학교가 성적, 성별, 장애, 국적과 인종, 성 정체성 등의 문제에 있어 다수자 중심의 질서와 문화를 가지고 있음을 보여준다. 학교가 평등하고 공공적인 교육 공간임을 표방하고 있지만 남성중심, 이성애중심, 비장애중심, 한국인중심 등의 지배질서를 그대로 반영하고 있는 것이다.

이러한 차별은 낙인과 배제로 이어지기 쉽다. 낙인은 외부 환경과 조건으로부터 만들어지는 것이지만 학생 스스로 낙인감을 내재화하고 이를 자아의식의 한 부분으로 고착화하기 때문에 수치심과 열등감의 내면화로 연결되기 쉽다.이진숙·조아미, 2012 학생들에게 학교 안

---

8. 만 13~18세의 성소수자 청소년 227명을 대상으로 학교 안 차별 실태에 대한 설문조사를 실시한 결과, 교사나 다른 학생으로부터 혐오 발언을 하나라도 들은 경험이 있는 응답자는 80.0%였으나, 혐오 표현에 대해 절반 이상의 응답자가 '못 들은 척하거나 무시했다'고 응답했다. 직접 항의하지 않은 가장 큰 이유는 '성적 소수자임이 드러날까봐'로 조사되었다(장서연 외, 2014).

에서의 차별과 배제의 경험은 낙인감과 열등감으로 연결되기 쉬우며, 이는 이후의 삶에도 부정적인 영향을 미치게 될 것이다.

학교 안 혐오 현상은 그동안 보고되어온 학교에서의 소수자 집단에 대한 차별과 배제 현상의 일부라고 할 수 있다. 이는 학교에서의 차별과 배제가 혐오라는, 강한 증오와 경멸의 감정을 바탕으로 이루어지고 있음을 시사한다.

이 책은 '학교는 어떤 시민을 길러내고 있는가?'라는 질문에 답하기 위해 학교 안 혐오 현상이 실제로 어떠한지 구체적으로 들여다본 연구의 결과를 담았다. 대도시 한 중학교의 학생들을 면담하고 관찰하면서 발견한 혐오 현상의 양상과 특성은 학교가 모든 구성원들에게 안전하고 차별 없는 교육 공간이 아닐 수 있음을 보여주었다. 그래서 우리는 이러한 현실을 극복하기 위해서 교육 당국과 학교, 교사는 무엇을 어떻게 할 수 있는지 조사하여 정리했고, 이 내용 또한 책에 담았다.

현재 한국사회는 혐오 현상과 관련된 어떤 제도적 방안도 마련되어 있지 않으며 학교 안에서의 혐오 현상에 대한 정책적 고민 또한 거의 없다. 이 연구는 학교 안 혐오 현상에 대한 분석을 통하여 소수자에 대한 편견과 차별을 극복하는 교육적 방안을 모색하고자 한다. 이를 통해 모두에게 차별이 없는 안전한 학교, 교육정의가 실현되는 학교를 만들어가는 데에 한 걸음 다가가고자 한다.

이 책이 담고 있는 학교 안 혐오 현상은 구체적인 한 학교의 맥락과 학생들의 생생한 문화 속에서 포착된 것들이다. 이러한 발견들은 학교 안에서 발견되는 혐오 현상이 어떤 집단에 대한 편견과 증오를 바탕으로 한 것인지, 이러한 혐오 현상이 거꾸로 학교에서 지배적으로 받아들여지는 가치와 이데올로기를 구성하는 데에 어떤 영향을 미치는지에 대한 논의를 가능하게 한다. 물론, 이 책에서 논의하고 있는 학교 안 혐오 현상은 한 학교의 구체적인 맥락 속에서 포착된 것으로, 모든 학교 안 혐오 현상을 대표한다고 할 수 없고 일반화하기도 어렵다. 그리고 연구의 여건 상 주로 학생 간 상호작용에 집중하였기 때문에 교사 간 혹은 교사-학생 간 혐오 현상은 파악하기 어려운 한계를 가지고 있다. 그럼에도 대도시 한 중학교 학생들이 교실에서 사용하는 혐오 표현과 교실 내 상호작용 속에서 드러나는 혐오 현상을 구체적이고 생생하게 드러내는 일은 학교 안 혐오 현상의 특성과 의미에 있어 시사점을 도출하기에 부족하지 않을 것이다.

이 책의 1장은 학교 안 혐오 현상을 포착하기 위한 이론적 도구들, 즉 혐오 관련 개념들과 혐오 표현의 유형, 소수자 집단의 범주와 역사성 등에 관한 논의를 정리했다. 2장에서는 대도시 한 중학교의 여건과 학생문화 속에서 구체적으로 드러나는 혐오 현상을 담았다. 3장에서는 학교 안 혐오 현상이 학교교육의 어떤 문제를 드러내고 있는지 논의했고, 마지막으로 4장에서는 학교 안 혐오 현상을 극복하기 위한 교실, 학교, 교육당국 차원의 과제를 담았다.

학교 안 혐오 현상에 대한 세간의 관심 중에는 "어떻게 학생들이 저렇게 나쁜 짓을…"과 같은, 일종의 아동·청소년 혐오가 내포된 것들이 있다. 학교에서 이루어지는 부정적인 현상의 배경에는 학교체제와 사회구조, 지배이데올로기와 문화가 있다. 이런 점에서 이 책에 담긴 내용들이 특정 학교나 특성 세대의 문제로 논의되지 않기를 희망한다. 우리는 이 책에서 이야기하는 것들이 학교 현장과 학생들 그리고 교사들에게 조금이나마 더 나은 학교교육의 길을 열어주는 데에 쓰이기를 바란다. 나아가 학교가 건강한 민주시민이 생활하고 공부하는 장이 되는 데에 이 책이 좋은 거름이 되기를 빈다.

2019년 가을에

저자 일동

차례

제1장

혐오 현상이란?

1. 혐오, 혐오 표현, 혐오 현상

1) 사회적 현상으로서의 혐오

진화심리학에서는 혐오를 생명 보존의 차원에서 필요한 것으로 본다. 인간이 자신의 생명을 보존하기 위해서 오염물질을 혐오하는 방식을 택해왔다는 것이다. 예컨대, 전염 가능성이 높다고 여겨지는 것(똥, 각종 분비물, 쥐나 바퀴벌레 등)을 혐오함으로써 위생과 문명 상태를 유지, 발전시켜왔다는 것이다.너스바움, 2015: 141~142 한편 모든 인간은 반드시 죽을 수밖에 없다는 점에서 동물적이다.

그럼에도 불구하고 자신의 영원불멸성을 주장하기 위해서 동물적인 것을 여성적인 것(임신, 출산하는 존재)으로 여기며 경계 밖으로 밀어내려고 한다. 이러한 관점에서 혐오는 "주체가 비체非體, abject들을 솎아냄으로써 자신을 단정한 정체성을 가진 면역주체로 상상하는 데서 비롯되는 원초적인 충동임옥희, 2016b: 81"이라고 설명되기도 한다.

사회적 맥락에서 보면, 집단이나 조직의 동일성 체계 혹은 지배적인 질서를 교란시키는 존재를 혐오하는 경향이 있다. 나치즘이나 총기 범죄와 같은 흉악 범죄를 저지른 집단을 변종이나 괴물로 치부하려는 경향이 그 대표적인 예이다. 악惡을 우리 외부에 있는 생경한 것이라고 여기면, 우리도 유사한 환경에서 같은 일을 저지를 수 있다는 윤리적 경고를 회피할 수 있는 것이다.너스바움, 2015: 308 즉, 생물학적·사회적 존재로서의 주체는 혐오스러운 것(감염 가능성이 높은 것, 지배질서를 교란하는 것)으로부터 자아를 완전히 분리시킴으로서 자신의 견고함을 확인하고자 한다.

한편, 모든 사회는 정상성이라는 규범적 기준을 가지며, 어떤 존재가 그러한 규범에 부합하지 않을 때 사회적 수치심을 작동시킨다.너스바움, 2015: 395 이때의 정상성은 평균적인 사람들의 특성이라기보다 완전무결성을 대신하는 규범적인 개념이라고 할 수 있다. 정상성에 반하는 존재에 대한 혐오, 사회질서를 흩트리는 일종의 '오염적' 존재에 대한 부정은 주체의 구성을 넘어 집단의 정체성을 공고히 하는 역할을 한다. 그런 점에서 혐오는 사회적, 문화적, 정치적으로 작동하는 것이다.

이렇게 혐오의 감정은 사회적 소수자에 대한 차별을 정당화하기 때문에 소수자에 대한 차별적 질서를 재생산하게 된다. 역사적으로는 유대인, 여성, 동성애자, 불가촉천민 등 사회경제적 지위가 낮은 사람들이 대체로 오염의 위험을 가진 존재로 여겨져 왔다. 그들은 위험과 분개의 대상이 되어 사회로부터 제거되기를 강요받는다. 혐오의 대상이 되는 이들은 수치심을 경험하게 되며, 스스로에 대한 부정적인 감정을 통해 혐오의 수사를 내면화한다. 이렇게 차별과 배제의 사회적 질서를 재생산하는 데 있어서 수치심이 정서적 매개로

활용되는 것이다.이새암, 2016: 131

뿐만 아니라 사회적 배제와 낙인은 인간으로서의 존엄을 훼손한다. 사회적으로 배제되고 낙인찍힌 존재들은 물리적으로는 공적 사회 안에 존재할 수 있지만 특정한 사회질서를 따르지 않을 때 언제라도 쫓겨날 수 있다는 잠재적 위협 속에 있다.김현경, 2015: 126 즉, 혐오의 대상이 된다는 것은 존재가 비인간화 혹은 탈인격화되는 것을 의미하며, 사회적 성원권 또한 불완전한 상태가 된다. 사회적 현상으로서의 혐오는 이 불완전함을 만들어내는 과정이다.

2) 혐오 표현과 혐오 현상

혐오는 어떤 감정 상태나 견해를 나타내는 것으로 실제로 표출되는 행위인 '혐오 표현'과는 구별된다.서울대학교인권센터, 2017: 13 혐오 표현은 말이나 글만을 의미하는 것이 아니라 나치 문양과 같은 상징물에 의한 의사표시, 복장, 십자가 소각과 같은 퍼포먼스까지도 포함한다.홍성수, 2017: 26 그리고 이는 직접적인 의사소통 과정에서뿐만 아니라 인터넷, 인쇄물, 라디오, 텔레비전 등의 다양한 매체를 통해서도 전달될 수 있다.서울대학교인권센터, 2015: 13 일반적으로 혐오 표현의 여부를 파악하기 위해서 혐오의 대상이 되는 개인 혹은 집단을 확인할 수 있는 보호 특성, 표현의 내용과 어조의 중요성 정도, 혐오 표현 자체가 직접적으로 초래했거나 잠재적으로 초래할 해악의 정도 등을 고려한다.서울대학교인권센터, 2015: 14-15 이러한 혐오 표현 규정은 대체로 규제의 필요성을 염두에 두고 논의되어 왔다.

혐오 표현은 소수자를 대상으로 하는 표현이라는 점에서 다른 비도덕적인 표현과 구분된다.홍성수, 2016 소수자를 대상으로 하는 혐오 표현에는 공통적으로 적의, 모욕, 비하, 조롱, 비방, 모멸, 혐오, 혹은 폭력이나 살해의 선동 같은 적대성을 포함하는 개념들이 포함되어 있다. 이와 같이 소수자를 향한 적대성은 소수자에 대한 편견을 전제하고 있다.

그런데 적의나 모욕, 모멸 등의 적대성이 포함되어 있는 표현이라고 하더라도 특정한 말이나 표현 그 자체가 혐오 표현이냐 아니냐를 논의하는 것은 어려운 일이다. 왜냐하면 혐오 표현은 사회적 맥락 속에서 발화되는 것정혜실, 2016: 29이기 때문이다. 즉, 어떤 말이 혐오 표현이 되느냐의 여부는 사회적 맥락의 변화와 차이에 따라 달라진다. 차별과 배제를 경험해온 역사성이 있고 현재에도 그러한 상황에 처해 있는 소수자 집단을 향한 폭력적인 언행은 혐오 표현이 된다. 역사성을 언급하는 이유는 혐오 표현이 무수히 반복 인용되고 사용되었을 때 모멸적인 의미가 새겨지기 때문이다. 즉, 혐오 표현은 발화 순간의 행위이기는 하지만, 그 순간은 '압축적인 역사성'을 지닌다.주디스 버틀러, 2016: 15 예컨대, '검둥이 새끼'라는 혐오 표현은 흑인 노예무역에서 시작되는 흑인 차별의 역사를 내포하고 있기 때문에 흑인들에게 모욕적이고 경멸의 의미를 담은 말이 된다.

그런데 혐오 표현이 사용되는 과정에서 혐오의 대상이 되는 존재들은 역설적이게도 혐오를 생산하는 주체로 변환affective conversion 된다. 이 변환의 과정은 기존의 지배질서를 강화하는 데에 기여한다. 예컨대, 미국사회에서 동성애자는 역겨움을 불러일으키는 오염의 근원이며, (남성적인) 미국적 신체를 위협하는 존재로 간주되어왔다. 따라서 게이들은 혐오의 대상이 되는 과정에서 미국인들이 가치 있게 여기는 가족과 아이들을 위협하는 존재가 된다.너스바움, 2015: 465~466 이때 이성애중심 권력 관계는 이데올로기적 강제와 동의에 의해서 혐오를 방관하거나 조장함으로써 혐오를 일종의 신념체계로 만드는 데에 일조하고, 이때 혐오의 사회적 표출은 정당화되고, 이성애중심주의는 더욱 공고해진다.이주영, 2016: 15~16

따라서 혐오 표현에 관한 논의에서 주목해야 하는 것은 혐오의 표출을 가능하게 하는 사회적 차별의 구조이다. 물론, 혐오 표현을 규제하는 법적·제도적 장치를 만들고, 혐오 표현에 대한 공식적이고 사회적인 대응을 하는 것은 소수자들의 존엄과 인권을 보장하기 위한 최소한의 기반이다. 그러나 혐오 표현에 대응하는 근본적인 방법은 소수자에 대한 차별 구조를 만드는 정서, 인식구조, 문화양상에 대한 분석과 비판이다. 학교 안 혐오 현상에 있어서도 소수자 집단이 모멸감과 자기비하를 경험하게 하는 일련의 표현에 대한 규제로만 논의가 축소되어서는 안 된다. 학교 안 혐오 현상은 혐오 표현을 가능하게 하는 차별적 인식 구조와 문화, 정서 및 질서에 대한 비판과 문제제기와 연결되어 논의되어야 한다.

혐오 현상은 혐오의 감정이 드러나는 사회적 시공간을 의미한다. 이 책에서는 구체적인 언어 혹은 행위로 발화되는 혐오 표현뿐 아니라 혐오의 감정이 내재화된 사회질서나 구성원들 사이에 공유된 혐오의 감정 등이 드러나는 장면을 포괄하여 혐오 현상이라고 일컫는다.

3) 혐오 표현의 유형

혐오 표현은 그 형태와 내용이 매우 다양하기 때문에 명확한 유형 구분이 쉽지 않다. 그럼에도 구체적인 규제와 대안을 마련하기 위한 유형화 작업이 이루어져 왔다. 대표적으로 홍성수 외2016: 21의 연구에서 혐오 표현의 유형을 차별적 괴롭힘, 차별표시, 공개적인 멸시·모욕·위협, 증오선동의 네 가지로 분류하고 있다. 이 중 '차별적 괴롭힘'은 차별표시, 공개적인 멸시·모욕·위협, 증오선동이 고용 영역이나 공공 영역, 서비스 영역에서 이루어질 때를 의미하기 때문에 세 가지 유형과는 결을 달리한다. 공공 영역이라고 할 수 있는 학교 안 혐오 현상의 양상을 살펴보고자 하는 이 책에서는 '차별적 괴롭힘'을 제외한 세 가지의 혐오 표현 유형으로 혐오 현상을 분석했다. 아래는 혐오 표현의 유형에 대한 설명이다.

차별표시는 차별과 혐오를 의도하거나 암시하는 내용의 표현행위를 뜻한다. 여기서 차별은 불합리한 차별 대우를 의미한다.홍성수 외, 2016: 23 차별표시는 모욕적이거나 위협적인 표현은 아니지만 사실의 진술, 개인적 신념의 표명, 정책 제안 등의 형태로 차별을 의도·암시하는 표현이라 할 수 있다.홍성수 외, 2016: 23-24

공개적 멸시·모욕·위협은 공개적으로 소수자 집단이나 개인을 멸시, 모욕, 위협하는 표현으로 인간으로서의 존엄성을 해치는 표현행위를 의미한다.홍성수 외, 2016: 24 이는 일반적인 의견 제시가 아니라 인간의 존엄성을 침해한다는 점에서 차별표시와 구분된다. 이러한 혐오 표현의 대상은 이를 듣는 순간 모욕감이나 멸시감과 함께 물리적 폭력을 당할지도 모른다는 실질적인 위협을 느낄 수도 있다. 공개적인 멸시·모욕·위협은 노골적인 차별 혹은 적대의 표시, 경멸 혹은 배제의 시선, 대상화(성적 대상화, 비정상인, 범죄자, 위험한 사람 취급) 등으로 구체화할 수 있다.홍성수 외, 2016 :175-187 그리고 이는 언어적인 표현 뿐만 아니라 비언어적으로도 표현될 수 있다.

증오선동은 소수자 집단에 대해 차별, 적의 또는 폭력을 조장하고 증오를 고취하여 불특정 다수로 하여금 적대감을 갖도록 유도하는 표현행위를 의미한다.홍성수 외, 2016: 25 증오선동이 다른 혐오 표현과 다른 점은 청자가 누구냐는 것이다. 다른 유형의 혐오 표현이 차별받는 소수자 집단에게 직접적으로 표현되는 것이라면, 증오선동은 불특정 다수를 대상으로 특정 소수자 집단에 대한 차별, 적의, 폭력 등을 조장하거나 선동하는 것이다. 이는 혐오의 대상이 되는 소수자 집단에게 심각한 정신적 고통을 가하고 그 과정에서 자기혐오를 강화하며, 사회적 배제와 차별을 구조적으로 고착화시키는 기제가 되기 때문에 문제적이다.이주영, 2016: 112-113 또 증오선동은 즉각적인 동조를 유발하지 않더라도 서서히 소수자 집단에 대한 편견과 부정적 인식을 확산시킨다. 특히 사회경제적으로 어려운 시기에 대중들은 비이성적 증오선동에 쉽게 이끌리게 되고 자신들의 불행의 원인으로 특정 소수자 집단을 지목하기도 한다.이주영, 2016: 114 이러한 과정은 소수자 집단에 대한 증오 범죄로 이어질 가능성이 있다.

2. 혐오와 소수자 집단

그동안 다양한 논의들에서 '소수자'를 규정하는 시도들이 이루어져왔으나, 소수자에 대한 명확한 개념 정의는 없다. UN차별방지 및 소수자 보호에 관한 소위원회의 보고서는 소수자의 개념을 다음과 같이 정의하고 있다.홍성수, 2016: 16

- 한 나라에서 다른 주민보다 수적으로 열세인 집단으로
- 비지배적인 입장에 있으며,
- 해당국의 국민임과 동시에 나머지 국민들과 다른 민족적, 종교적, 언어적 특징을 가지며,
- 자기 문화, 전통 종교, 언어를 유지하고 암시적으로라도 연대의식을 보이는 자

위의 개념 정의는 한 국가 내 소수자 민족이나 인종을 의미하는 경향이 있다. 그리고 첫 번째 설명에서 소수자의 개념이 수적으로 열세라는 조건을 반드시 충족할 필요가 있는지에 대해서도 논쟁의 여지가 있다.

이에 대해 소수자의 의미가 숫자 자체를 의미하는 것이 아니라 소수자와 다수자의 관계적 측면으로 해석되어야 함을 지적하는 논의도 있다. 이러한 논의에서는 '소수자'를 사회의 중심세력 밖에 위치한 집단으로 특정 사회의 전통과 역사적 맥락 속에서 차별의 대상이 되는 집단이라고 정의한다.안경환, 1995 이와 유사하게 소수자는 부, 권력, 명예, 권력과 같은 가치와 자원의 분배에서 그것들을 소유하지 못하거나 적게 소유하여 다수자에 의해 사회적, 정치적, 경제적, 문화적으로 배제되어 부당하게 차별과 억압을 받는 집단이나 사람들박상준, 2014: 84로 규정하기도 한다. 이때에도 소수자는 숫자 자체에 의하여 규정되는 것이 아니라, 사회적 가치와 자원의 소유 여부에 의해 정해지는 사회적·정치적 개념이다. 그리고 이러한 정의들에 따르면, 소수자 개념과 정체성은 유동적이며 가변적이다.[9]

이렇게 볼 때, 소수자는 다수자와 인종, 성별, 장애 등과 같은 선천적인 요인 또는 종교, 직업 등과 같은 후천적인 요인을 이유로 구별되어 사회적으로 배제되고 차별받는 사람들을 의미한다. 이와 같은 차별은 사회 전체에 의해 구조적이고 관습적으로 가해지는 사회현상이다.박상준, 2014 이들 집단은 대체로 정상성의 범주에서 벗어나 있는 것으로 여겨지기 때문에 혐오의 대상이 되기 쉽다.

일반적으로 불평등한 가치와 자원이 무엇인가를 중심으로 소수

9. 이와 관련하여 A. G. Dworkin & R. J. Dworkin(1999)는 소수자가 되는 조건으로 첫째 신체적, 문화적으로 주류 집단과 구별되는 차이를 나타내는 식별가능성, 둘째 사회적, 경제적 및 정치적 힘 혹은 사회적 자원을 동원하는 능력이 열등한 권력의 열세, 셋째 특정 집단에 속해 있다는 이유만으로 차별을 받는 차별적 대우, 마지막으로 차별적 관행이 지속되어 특정 집단 전체를 대상으로 한 부정적 인식을 들었다(박상준(2014)에서 재인용).

자의 유형을 구분하는데, 예를 들어 인종적·민족적 소수자, 경제적 소수자, 신체적 소수자, 종교적 소수자, 사상적 소수자, 사회적 소수자 등의 구분이 있을 수 있다.박상준, 2014: 87 인종적·민족적 소수자는 백인 이외의 인종을 모두 포괄할 수 있는데, 어떤 국가에서든 인종과 민족에 의해 차별받는 집단을 의미한다. 경제적 소수자는 자본주의 사회에서 임금노동자 혹은 비정규직 근로자 등의 신분으로 자본의 불평등한 배분에 의한 소수집단을 의미한다. 신체적 소수자는 비장애인이 주류인 사회에서의 장애인과 같이 신체에 의해 구별되는 소수집단을 의미하며, 종교적 소수자 및 사상적 소수자는 종교 혹은 사상이 주류 집단과 다른 소수집단을 말한다. 사회적 소수자는 남한 사회에서 북한이탈주민, 이성애중심 사회에서 동성애자, 가부장제 사회에서 여성 등으로 나머지 유형과 달리 사회문화적 맥락에 따라 유동성이 크다.

특정한 사회적 공간에서 어떤 집단이 소수자가 되는지는 그 집단의 주류 담론이 무엇인가에 따라 달라진다. 예컨대, 가부장제 사회에서 여성은 남성에 비해 상대적으로 사회적 자원을 적게 소유한 소수자가 되며, 학벌사회에서 고졸자 혹은 지방대 졸업자는 상대적으로 노동시장에서 차별을 겪게 되므로 소수자라고 할 수 있다. 또 교과성적이 중요하게 다뤄지는 학교 안에서 성적이 낮은 학생은 성적이 높은 학생과 비교하여 소수자가 될 수 있다. 즉, 사회적 소수자는 그 공간이나 조직이 어떤 지배적인 가치를 갖고 있는지, 얼마나 폐쇄적인지 혹은 민주적인지 등에 따라 달라질 수 있다.

3. 혐오 현상과 학교

혐오 현상은 소수자들에 대한 강한 증오의 감정을 드러냄으로써 그들에 대한 차별과 배제를 공고하게 만든다는 점에서 사회적 문제이다. 소수자에 대한 혐오 표현이 반복되어 사용되는 사회에서 혐오의 대상이 되는 개인 혹은 집단은 그로 인해 모욕과 위협을 경험할 뿐만 아니라 스스로 낙인감을 내재화하고 그 과정에서 열등감을 느끼게 되어, 자신이 혐오의 대상이 될 만하다는 사실을 내면화하게 만든다. 반대로 혐오하는 주체는 자신을 혐오 대상에 비하여 우월한 인간 존재로 상정하고 혐오 표현을 반복 사용함으로써 혐오의 표출을 정당화한다. 혐오 대상은 스스로를 혐오당할 만한 사람으로 내재화하고, 혐오 주체는 혐오의 표출을 당연한 것으로 여기게 됨으로써 소수자 집단을 차별하고 배제하는 권력구조는 자연스럽게 재생산된다.

학교 안에서 혐오 현상이 발견된다는 것은 소수자에 대한 혐오의 감정을 표출하는 사람과 혐오의 대상이 되는 사람이 학교라는 공간에서 함께 생활하고 배우며 상호작용하고 있음을 의미한다. 교육은 모든 시민의 권리이고, 국가는 동시에 평등하고 차별 없는 교육을 실시해야 할 의무를 갖고 있다. 학교는 건강한 시민을 길러내어 민주사회를 유지하기 위한 교육의 장이다. 그러나 혐오 현상이 발견되고 있는 학교에서 혐오의 대상이 되는 소수자 집단의 학생들은 평등하고 차별 없는 교육을 받지 못한다. 그리고 혐오 현상이 빈번하게 일어나는 학교와 교실 공간은 소수자를 차별하고 배제하는 권력구조와 지배질서를 재생산하고 소수자에 대한 모욕과 증오의 문화를 점차 공고하게 만들 것이다. 혐오 표현은 그 자체로 차별의 행위일 뿐만 아니라 소수자에 대한 차별을 정당화함으로써 혐오 범죄의 발단이 될 수 있다. 혐오 현상이 일어나는 학교는 평등한 교육과 안전한 학습의 공간이 아니라 차별과 배제, 폭력의 공간이 될 가능성이 높다.

이 책은 심각한 사회문제인 혐오가 학교 안으로 들어와 청소년들의 또래 문화가 되어가는 현실을 구체적으로 분석하고 이를 극복하기 위한 길을 모색하기 위한 연구의 결과물이다. 이 책은 언론보도 등을 통해 보고되고 있는 학교 안 혐오 현상의 구체적인 양상은 어떠한지, 이 현상의 특징은 무엇이며 이것이 학교라는 체제의 질서 및 문화와 어떻게 연결되어 있는지, 이에 대한 대안이나 희망은 어디에서 찾을 수 있는지, 학교와 교육청, 교육부 등에서 기성세대인 우리가 할 수 있는 것들은 무엇인지에 관해 찬찬히 살펴보고자 한다.

제2장

학교 안 혐오 현상 들여다보기

1. 학교 안 혐오 현상을 본다는 것

1) 제한된 조건 속에서의 질적 연구

여러 가지 이유로 학교는 외부에 열려 있는 공간이 아니다. 따라서 학교와 학급의 문화를 관찰하고 학생과 교사를 면담하는 일은 쉬운 일이 아니다. 게다가 긍정적인 내용이 아닌 혐오에 대한 연구를 위해 학교에 도움을 요청하고 그것을 들어주는 학교를 찾는 일은 더더욱 어려웠다. 지금 우리 사회에서 광범위하게 일어나고 있는 여성혐오와 관련된 연구를 위해서는 관찰과 면담이 필수였지만 그만큼 대다수에게 부정적인 것으로 인식되었기 때문인지 허락해주는 학교가 없었다. 이 연구의 현장인 너른중학교가 학교를 열어주었던 것도 연구진 가운데 이 학교의 교감선생님과 신뢰가 두터웠던 분 덕분이었다.

학교 안 혐오 현상을 포착하기 위해서는 그 학교 특유의 문화와 상호작용 방식에 대한 이해가 필요하다. 그러나 제한된 기간과 예산으로 인해 우리에게 허락된 시간은 3개월 밖에 안 되었다. 이 짧은 기간에 연구 참여자로부터 보다 많은 이야기를 듣기 위해 심층면담을 중심에 두는 질적 연구를 진행했고, 주요 연구 참여자로 학생 5명을 선정했다. 너른중학교에서 허가한 참여관찰 기회는 보호자를 비롯한 외부인들에게도 열린 행사가 있을 때였고, 교무회의와 같은 교사들 간 상호작용을 볼 수는 없었다. 따라서 면담과 참여관찰은 학생들에게 집중되었다. 이에 대한 보완으로 교사와 보호자에 대한 면담을 진행했다. 교실 안에서 이루어지는 학생들 간 상호작용을 보기 위해서 2학년 1개 학급을 연구 참여 학급으로 선정하여 집중적으로 관찰했다.

주요 연구 참여자 5명은 학급 내에서 경험한 학생문화와 혐오 현상을 이야기해줄 수 있는, 학급 내 평균적인 학생들로 구성했다. 첫 면담은 학급문화를 파악하기 전이었기 때문에 이 학생들과의 면담을 통해 보다 심도 있는 면담을 할 수 있는 연구 참여 학생을 찾을 수 있을 것으로 예상했다. 실제로 이 학생들에 대한 집단면담과 개별면담을 진행하면서, 학급 내 혐오 현상에 관해 보다 구체적이고 풍부한 이야기를 해줄 수 있을 것으로 여겨지는 여학생 4명과 남학생 3명을 추가로 연구 참여자로 선정했다. 이 학생들과의 집단면담이 이루어진 시기는 학교 안 혐오 현상 중 가장 두드러진 현상이 여성혐오라는 것을 발견한 이후였기 때문에 여학생과 남학생은 따로 분리하여 면담을 진행했다.

연구에 참여한 모든 학생, 교사, 보호자에게는 연구의 취지와 연구 참여 방법과 내용, 연구 참여를 통한 이익과 불이익에 관해 설명하고 이를 문서화한 연구 참여 동의서를 받았다. 그 과정에서 연구 참여 과정이 부정적으로 경험될 경우, 언제든지 연구 참여를 중

단할 수 있음을 안내했다. 다행스럽게도 모든 참여자들은 흔쾌히 연구 참여에 동의해주었다. 이러한 과정을 거쳐 선정된 이 연구의 참여 학교와 학급 그리고 학생 및 교사, 보호자는 〈표 1〉과 같다.[10]

〈표 1〉 연구 참여자 인적 사항

구분	이름	성별	특성
학생	강도후	남	친한 친구들이 다른 학급에도 많은 편임. 학원 등 사교육을 받지 않고 스스로 공부하는 것을 선호하는 편이며, 아버지 직장 때문에 중국에 5년간 살아서 중국어를 잘함.
	문연재	여	여학생뿐만 아니라 남학생들과도 두루 친한 편이고, 성적이 좋은 편임. 홍해서와 초등학교 때부터 친한 사이임.
	송제우	남	면담 때 이야기를 가장 많이 한 학생으로, 말하기를 좋아하고 외향적인 성격임. 학급 내 여학생들과 대립적인 관계를 형성한 적이 있음.
	이진철	남	조용하고 소극적인 편이지만, 게임과 축구를 잘해서 남학생들 사이에서는 호감을 받고 있음.
	홍해서	여	성적이 좋은 편이며 규칙을 잘 지키고 태도가 반듯해서 담임교사로부터 신뢰를 받고 있음. 권민진과 같은 초등학교 출신이며, 중학교 2학년 때 같은 학원에 다니면서 친해졌음.
	권민진	여	체격이 큰 편이어서 외모 관련 혐오 표현을 반복해서 들은 바 있음.
	문성진	여	학급 반장
	민주희	여	반장인 성진과 친한 편이며, 학급 내 남학생과 대립적인 관계였던 적이 있음.
	박소현	여	1학년 때 학교 부적응 경험이 있음.
	박준호	남	유경준과 함께 학급 분위기를 주도하고 학교 내 아는 학생이 많음.
	유경준	남	박준호와 함께 학급 분위기를 주도하고 학교 내 아는 학생이 많음.
	임승윤	남	권민진을 뚱뚱하다고 놀린 적이 많고, 학급 내에서 분위기를 주도하는 남학생들과 친한 편임.

10. 이 책에 등장하는 모든 고유명사는 가명임.

교사	박진숙	여	경력 13년차 교사로, 학급 학생들에 대한 애착이 많고 수업과 학급 운영에 있어 열정이 많은 편임.
	박성신	여	교사 경력 25년이며 너른중에서 교감 3년차임. 교육청의 정책 방향을 학교에 적용하고, 학교 운영을 효율화하기 위해 노력하고 있음.
	김정수	여	교사 경력 23년차 교사로, 너른중에 온지 2년 되었으며 ○○ 교과를 담당하고 있음.
보호자	박선희	여	강도후의 어머니

우리는 30대 이상의 성인들로, 학생 세대의 문화와 언어에 대해 무지하다. 따라서 질문과 대답이라는 형식으로 이루어지는 기존의 면담 방식을 통해서는 학교 안에서 학생들이 공유하고 있는 혐오 문화를 파악하는 것이 쉽지 않다고 판단했다. 따라서 이 연구에서는 학생들이 학교 안 혐오 현상을 있는 그대로 드러낼 수 있게 하기 위해 시각적 연구방법Visual methodology[11]의 일종인 '이야기 만들기' 등을 활용했다.[12]

몇 차례의 참여관찰을 통해 전반적인 학급 분위기와 교사-학생 상호작용, 학생들 간 상호작용의 방식을 파악할 수 있었다. 이는 언어적, 비언어적 상호작용 속에서 이루어지는 혐오 현상에 대한 이해

11. 시각적 연구방법은 연구 참여자로 하여금 사진이나 영상, 그림 등 시각 자료를 수집, 생산하고 그것에 대해 해석하게 함으로써 자료를 수집하는 질적 연구방법이다. 이는 시각적 재현을 연구 대상으로 삼음으로써 언어적인 묘사 능력이 부족한 연구 참여자 혹은 텍스트 언어보다는 시각적 재현을 더 가까운 표현 양식으로 느끼는 어린이와 청소년들에게 유효한 연구방법이 될 수 있다(김아미, 2017: 2).

12. 이 연구에서는 학교 안팎에서 학생들이 경험한 혐오 상황을 하나의 이야기로 만들고, 이를 4컷 만화로 표현하는 활동을 통한 면담을 진행했다. 연구 참여 학생들이 직접 자신들의 경험과 생활을 만화로 표현하여 이미지를 생산하고 이를 통해 그들의 경험과 인식을 드러낼 수 있도록 한 것이다. 학생들이 직접 그린 시각 자료인 4컷 만화는 질적 연구에서 주목하는 '내부자적 관점emic perspective'을 보다 잘 보여주는 도구가 되었다(김도헌, 2016: 27).

를 보다 입체적으로 볼 수 있게 했다.

연구 참여 학생들은 교사나 보호자가 갖고 있는 계도적인 태도를 잘 알고 있기 때문에 우리와의 만남에서도 끊임없이 자기검열을 하는 모습을 보였다. 그러나 학생들에게 낯설지 않은 도구들을 통한 활동 중심의 면담 방식을 활용하자 보다 편안하고 활동적으로 자신들의 문화를 드러냈다. 그 과정에서 함께 활동하며 나누는 감정과 가벼운 이야기들을 통해 보다 쉽게 학생들과 래포를 형성할 수 있었다. 여러 차례 면담과 참여관찰이 거듭되면서 학생들은 점점 솔직하고 편안하게 자신들의 문화를 드러내기 시작했다. 한편으로는 자신들의 바람직하지 않은 것으로 여겨지는 모습들에 관한 이야기를 경청하고 열심히 반응해주는 우리의 태도에 호감을 갖기도 했다.[13]

이 연구는 한 중학교에서 이루어진 질적 연구 결과를 맥락화 하고 보완하기 위해서 그동안 학교 안 차별 문제와 청소년인권 관련 사회운동을 해온 청소년활동가 면담을 진행했다. 청소년활동가 4인이 이 면담에 참여했으며, 면담 내용은 이 연구의 분석 결과에 대한 수정과 보완 방향 설정에 도움이 되었다.

13. 연구를 진행하는 과정에서 학생문화에 관한 연구와 관련하여 그들의 문화를 있는 그대로 드러내는 것은 연구 본연의 목적에는 부합하지만, 학생들의 차별적 인식과 혐오 표현을 있는 그대로 드러내는 것이 적절한가에 대해서는 고민이 있었다.

2) 너른중학교 2학년 1반의 특성

학업성적이 중요시되는 학교문화

한국사회에서 학교의 지리적 위치는 그 학교의 교육 풍토와 환경을 조성하는 데에 적지 않은 영향을 미친다. 너른중학교는 고층의 아파트 단지와 상가, 넓은 도로와 잘 조성된 공원이 있는 지역에 위치하고 있다. 이 학교 학생 보호자[14]의 대부분은 경제적으로 안정되어 있고, 자녀 교육에 관심이 높은 편이다. 또 이들 부모의 대다수는 전문직 직업을 가진 아버지와 자녀 교육에 적극적으로 매진하는 어머니로 구성된, 이성애 혼인 관계로 맺어진 사람들이다. 동질적인 학생 구성은 교사와 보호자들이 너른중학교를 '좋은' 학교로 여기는 중요한 요소 가운데 하나다. 가정의 사회·경제적 배경이 비교적 좋은 학생들이 많이 있다는 것은 학생들의 학업성적이 높고, 학생들의 생활습관이 '바람직한 것'으로 여겨지는 것과도 관련이 있다. 실제로 너른중학교는 기초수급자 학생과 다문화 배경 학생, 장애 학생의 비율이 매우 낮은 편이다(교감과의 면담).

너른중학교 보호자들은 자녀들의 학업에 관심이 큰 편이고, 학생들 또한 성적이나 공부에 관심이 많다. 이 학교 학생들은 성적을 높이기 위해 많은 노력을 기울이며, 그만큼 학업 스트레스도 강하다. 그렇지만 학생들은 "어른들에게 부의 상징이 돈이라면 학생에게 부

---

14. 통상, 학생을 돌보고 보호하는 역할을 하는 사람을 지칭하는 말로 '학부모(學父母)'라는 표현을 쓴다. 그런데 이 표현은 학생의 아버지와 어머니를 지칭하는 것이기 때문에 부모가 없는 학생을 차별하는 말이 될 수 있다. 따라서 이 책에서는 '학부모'라는 표현 대신 '보호자'라는 말을 쓰기로 했다.

의 상징은 점수"라고 말한다. 시험 점수는 학생들의 '자랑거리'가 되어 "나 평균 몇 점이야, 나 100점 몇 개 있어(송제우와의 면담)"라고 자랑한다는 것이다. 뿐만 아니라 학생들이 협력하여 같은 점수를 얻는 모둠활동 등에서 다른 학생들이 얼마나 기여하는지에 대해서도 민감한 편이다.

이러한 분위기의 학교에서 교사들의 중요한 직무는 학업 중심의 수업 분위기를 조성하는 것이다. 너른중학교는 지난 봄, 수업 시간에 이탈하는 학생들의 수가 늘어나자 이에 대한 강경 '대응'을 한 바 있다. 2학년 1반 담임교사 또한 소란스러운 학급 분위기를 개선하기 위해 각 교과 담당 교사로 하여금, '태도일지'라는 것을 작성하도록 하고 있다. 이 학급의 교과 담당 교사들은 수업을 마칠 때마다 '태도일지'에 수업 분위기를 기록해야 하는데, 거기에는 상, 중, 하로 등급을 기재하고, 그 이유를 쓰고 있다. 만약, 하루 수업 중 한 번이라도 '하' 등급을 받게 되면, 학생들은 모두 남아서 '깜지'를 써야 한다. 이러한 통제에 대한 학생들의 반응은 부정적이다. 그런데도 이 방법은 이 학교에서 효과적인 학생 통제 방식으로 알려져 있다.

일상적인 욕설 사용과 미디어 문화

학생들에게 욕이나 비속어는 일상적인 표현이자 일종의 또래 문화이다. 우울할 때, 재밌을 때, 다쳤을 때, 넘어졌을 때, 무의식적이고 자연스럽게 튀어나오는 말이 욕설이며, 이는 일종의 언어 습관이다. 학생들은 초등학교 고학년 때부터 '자연스럽게' 욕을 배우는데 남학생들은 온라인게임을 통해 욕을 배우는 경우가 많다.

욕설의 대부분은 성기나 성관계를 의미하거나 장애인을 비하하는 내용이었고, 혐오 표현과 욕설의 경계가 모호한 경우도 많았다. 그런데도 학생들은 이를 대수롭지 않게 여겼다. 일상에서 욕설을 빈번하게 사용하기 때문이었다. 이와 마찬가지로 혐오 표현도 '대중화'되어 자주 사용되면서 대수롭지 않게 여기는 경향이 있었다.

학생들은 일상적으로 온라인 미디어를 활용한다. 페이스북이나 웹툰, 유튜브 방송이나 아프리카 티비 등은 학생들에게 친숙한 미디어다. 그런데 이 미디어 활용에 있어서도 성별에 따른 차이가 있었다. 2학년 1반 여학생 가운데 게임을 하는 학생은 거의 없었다. 하지만 남학생들 대부분은 온라인게임을 즐겼다. 온라인에 접속하여 팀을 이루어 하는 게임은 거의 모든 남학생들이 즐기는 대중적인 또래 놀이다. 그런데 문제는 이 과정에서 남학생들이 혐오 표현을 듣고 배우게 된다는 것이다.

학생들은 BJ나 유튜버의 여성혐오 논란에 대해서는 잘 모르고 있었다. 다만, 여성혐오로 논란이 된, 유명한 남성 BJ의 방송은 대다수의 남학생들이 알고 있었고, '거의 다' 본다고 했다. 여성혐오 표현을 퍼뜨린 장본인이기도 한 이 BJ의 방송은 여학생들에게는 잘 알려져 있지 않았지만, 남학생들에게는 매우 유명했다.

비공식적인 학생문화: 남학생 중심의 위계질서

2학년 1반 학생들은 여학생과 남학생 모두 외모에 관심이 많았다. 그런데 여성의 외모에 대한 학생들의 인식과 실천은 아주 구체적이고 일상적인 경향이 있다. 여학생들은 스스로 자신의 외모에 대한 관심이 높고, 화장과 다이어트 등 외모 관련 실천을 일상적으로 하고 있었다. 여학생들이 외모에 관심을 갖고 꾸미는 것은 '예쁜' 여성이 되고 싶기 때문이었다. 여성에게는 '예쁜' 외모가 가장 중요하다는 것을 이 학생들도 본능적으로 알고 있었다.

연구자 여학생의 자존심은 얼굴이랑 날씬한 몸이야?
홍해서 얼굴이죠.
문연재 얼굴이지. 몸보다는 얼굴이지.
연구자 몸보다는 얼굴이야?
홍해서 얼굴이 예쁘면 그냥 끝이에요.
연구자 끝이야? 왜 그렇게 생각하니?
문연재 무언가가 부족해도 다 캐리할 수 있거든요.
연구자 다 캐리돼? (웃음)
문연재 공부를 못해도 상관없고,(웃음) 성격은 좋아야 되고.

(문연재, 홍해서와의 면담)

여학생들이 추구하는 여성스러운 외모에는 남성에 비하여 '크지 않은', '날씬한' 몸매도 포함된다. 강도후는 남학생들이 생각하는 이상적인 여성의 외모는 '예쁜' 얼굴과 더불어 뚱뚱하지 않은 몸이라고 했다. 이에 반하여 남학생들에게 중요하게 여겨지는 외모는 큰 키와 넓은 어깨다. 여성이 '뚱뚱한' 몸을 가지면 안 되는 것으로 여겨지는 것에 반해 남성들은 작은 몸을 가지면 안 되는 것이다. 학생들이 생각하는 이상적인 남성의 외모와 여성의 외모가 다르고, 상대적으로 여성의 외모에 대한 기준과 내용이 보다 구체적이고 상세했다. 여학생들은 대부분 스스로 예쁘지 않다고 생각하는 것과 달리 남학생들은 자신의 외모가 괜찮은 편이라고 여겼다. 이와 같이 학생들의 외모 문화는 성별 비대칭적이다.

2학년 1반 학생들은 활기찬 분위기 속에서 서로 협력하며 생활하고 있지만, 학생들 간에는 일종의 위계들이 존재했다. 예컨대, 학업성적이 좋은 학생들은 그렇지 않은 학생들에 비하여 수업 중 발언권이나 영향력이 컸다. 그런데 수업과 같은 공식적인 시간 이외에 학급의 전반적인 분위기를 주도하는 것은 소위 인기가 있는 남학생들이었다. 다른 학생들에게 이 학생들은 재미있고 성격이 좋은 학생으로 여겨지며, 수업이 지겨울 때 분위기를 띄워주는 고마운 존재다. 이 인기 있는 남학생들은 학급 내 학생 간 관계 속에서 모종의 권력을 갖고 있었다. 그래서 일부 학생들은 이 남학생들과 다른 학생들을 차별하여 대하기도 했다.

인기 있는 남학생들의 특성은 소위 '남성적'인 것이었다. 학생들이 생각하는 인기 있는 남학생의 요건은 키가 크고, 성性적인 것을 연상시키는 말을 많이 쓰고, 인맥이 넓은 것이다. 특히, 성적인 것에 관심이 많고, 그것과 관련된 지식을 과시하는 것을 남성적인 것으로 여겼다. 또한 학교나 기성세대가 금지하고 있는 것을 행하는 것도 인기의 비결이었다. 유경준은 흡연으로 학생부의 지도를 받은 직후 담배를 피웠다는 소문 덕분에 오히려 인기가 더 많아졌다(남학생 집단면담). 이렇게 금기를 뛰어넘는 행동은 강한 것이 좋은 것으로 여겨지는 남성성의 하나이다. 남학생들은 이러한 행동을 통해 기존의 질서에 대항하는 모습을 보여준다.

한편, 학생들은 인기 없는 남학생을 '마마보이'로 표현했다. 마마보이mama's boy란 주체적으로 행동하지 못하고 어머니에게 의존하는 소년이나 남자[15]를 표현하는 말이다. 강한 것이 곧 남성적인 것으로 여겨지는 사회에서 의존적인 것은 남성적이지 못한 특성이다. 학생들의 인식 속에서 인기 없는 남학생은 곧 남성답지 못한 남학생인 것이다.

인기 있는 남학생들은 '엄석대' 같이 신체적인 권력으로 다른 학생들을 압도하는 방식을 쓰지는 않는다. 이들은 물리적인 폭력을 행사하지 않으며, 위압적인 신체 조건을 갖추고 있는 것도 아니다. 인기 있는 BJ나 유튜버들처럼 이 남학생들은 재미있고 웃긴 남성 캐릭터로서 학급에 영향력을 미친다. 육체적인 위력이 과거 남성성의 특성이라면, 재치와 유머로 분위기를 압도하는 것은 새로운 남성성이라고 할 수 있다.

그런데 이 학급에는 모종의 성별 대립적인 분위기가 형성되어 있었다. 예컨대, 일부 남학생들은 여학생들에게 억울한 감정을 갖고 있었다. 인기 있는 남학생들이 수업 시간에 '어그로'를 해서 '태도일지'의 하 등급을 받았던 사례가 적지 않았지만, 하 등급을 받으면 담임교사가 무조건 남학생들에게 책임을 물었던 것이다. 이것을 남학생들은 불공평하다고 했다. 학생들 간 관계만 보았을 때는 이 남학생들이 재미있고 웃겨서 분위기를 이끌고 있지만, 학업 분위기 조성을

15. 출처: 네이버 국어사전

중요하게 생각하는 학교와 학급의 공식적인 질서는 이러한 남학생들의 특성을 부정적인 것으로 여긴다. 일부 남학생들은 이러한 공식적인 질서가 남학생들에게 불리하다고 생각했다.

이러한 남학생들의 억울한 정서는 페미니즘에 대한 반감으로 나타나기도 한다. 연구 참여 학급에서 ○○교과를 담당하고 있는 김정수 선생님은 수업 시간에 성평등과 관련된 이야기를 자주 하는 편인데, 이는 일부 남학생들에게 '비호감'으로 여겨졌다. 송제우는 이와 관련하여 '여성 차별에 대한 트라우마'라고 표현했다. 제우는 여성의 권리와 권익을 주장하는 것에 대해 '트라우마'라고 표현하면서, ○○교과 담당 교사가 수업 시간에 했던 페미니스트적 관점에서의 해석과 주장을 과도한 요구이자 심리적 불안과 고통의 결과로 해석했다. 이렇게 송제우가 페미니스트에 대한 반감을 드러내는 것은 유튜브 방송을 통해 접한 내용들과도 관련이 있었다.

일부 남학생들의 이러한 인식과 행동은 다양한 시각과 입장에 대한 고민과 토론의 기회를 거치지 못해 나타나는 것으로 보인다. 실제로 학생들은 이 관점에 대한 비판적 성찰의 기회를 갖지 못했다. 문제는 이러한 편견이 고착화되면, 학교 안 혐오 현상의 원인이라고 할 수 있는 소수자에 대한 차별적 인식을 더욱 공고하게 할 위험이 크다는 것이다.

2. 혐오의 이유: 교실에서 혐오의 대상이 되는

너른중학교 2학년 1반 교실에서는 혐오의 대상이 되는 학생이 별도로 구분되지는 않았다. 교실에서 혐오 표현을 주도적으로 쓰는 학생이 다른 상황에서는 바로 그 혐오 표현의 대상이 되기도 하고, 그 반대의 경우도 흔했다. 그리고 교실 상황과 맥락에 따라 혐오 대상이 달라지고, 어떤 학생에게는 혐오의 이유가 되었던 특징이 다른 학생에게는 적용되지 않을 때도 있었다. 예를 들어, 이 학급에서는 학업성적이 낮으면 혐오 표현의 대상이 되는데, 인기가 많은 남학생들은 성적이 낮아도 혐오의 대상이 되지 않았다. 학교에서 어떤 사람 혹은 집단이 혐오의 대상이 되는 것은 그들이 가진 특성 때문이라기보다는 혐오의 이유를 만들어내는 문화와 질서 때문이다. 사실상 누가 혐오의 대상이 되는지를 살펴보는 일은 곧 이 학급에서 무엇이 혐오의 이유가 되는지, 이를 가능하게 하는 문화와 질서는 무엇인지 살펴보는 일과 다르지 않다.

1) 여성혐오, 가장 두드러지는 혐오 현상

이 학급에서 가장 두드러지게 나타난 혐오 현상은 여성혐오였다. 여학생들은 '예쁘지 않거나' 몸에 살집이 많다는 이유로 혐오의 대상이 되곤 했다. 교실 안에서 여학생의 외모를 비하하고 여성의 외모에 대한 혐오 표현을 쓰는 것은 일부 남학생들이었다. 교실 내 여성혐오의 주요 내용은 여학생의 화장과 '뚱뚱한' 몸에 관한 것이었다.[16] 그리고 교실 내에서 일부 남학생들이 하는 '섹드립' 즉, 성性과 성교性交에 관한 표현을 통해서도 여성혐오 현상이 나타났다.

여학생의 화장을 둘러싼 혐오 현상

대다수 여학생들에게 화장은 일상적인 외모 꾸미기 실천에 속한다. 여학생들은 매일 화장을 하고, 남학생들은 이에 대해 다양한 방식으로 평가한다. 이 학급에서 여학생들 사이에서 '예쁜' 학생으로 통하는 이소담은 남학생들 사이에서는 화장을 많이 하는 여학생으로 간주된다. 강도후는 화장을 진하게 하는 건 "보기가 안 좋다"고 이소담의 진한 화장을 부정적으로 평가했다.

연구자 여자애들은 누가 예쁘다고 했더라? 소담이?

16. '예쁘다', '뚱뚱하다'는 표현은 일상적으로 쓰이지만 여성들에게는 일상의 실천과 자기 정체성에 큰 영향을 미치는 말이다. 그리고 이 말들의 의미는 상대적이고 주관적이며 사회와 시대에 따라 구성되는 것이다. 어떤 얼굴이 예쁜 얼굴인가, 어떤 몸이 뚱뚱한 몸인가의 기준은 계속해서 변화하며 이 기준은 화장품과 성형시술을 포함한 다양한 외모 관련 산업의 영향을 받기 때문이다. 이 책에서는 이러한 가변성과 사회문화적 맥락을 강조하기 위해 '예쁘다', '뚱뚱하다'라는 말에 작은 인용 표시를 달았다.

강도후 아, 걔는 화장을 너무 많이 해요.

연구자 아 그래? 화장 많이 하는 건 싫어?

강도후 네. 저는 되게 안 좋아해요. 화장 많이 하는 거.

연구자 왜 별로라고 여겨?

강도후 아니, 조금 그러니까, 뭐라 해야 되지? 뭔가… 화장 많이 하면 뭔가가 좀 별로예요. 보기가 안 좋다고 해야 되나?

(강도후와의 면담)

송제우도 이소담의 진한 화장을 문제로 여겼다. 제우는 여학생들이 화장을 진하게 하는 것은 '못생긴' 얼굴을 가리는 것이고, 일종의 현실도피라고 했다. 여학생들이 "얼굴을 덮어버릴 정도로 진하게 화장을 하는" 것은 "있는 그 자체(못생긴 얼굴)를 받아들이지 않는" 것이기 때문이라는 것이다.

여학생의 진한 화장을 좋지 않게 보는 남학생들이 있는 한편, 화장하지 않은 얼굴, 즉 "생얼"을 비하하는 남학생들도 있다. 대다수의 여학생들이 화장을 하고 다니는 현재의 학교문화 속에서 여학생들의 화장하지 않은 얼굴, 즉 "생얼"은 놀림의 대상이 된다. 남학생 집단면담에서 경준, 승윤, 준호는 여학생들의 "생얼"을 "시궁창", "멧돼지 색깔"에 비유했다. 이러한 비유는 남학생들이 화장하지 않은 여학생의 피부를 비하의 대상으로 여김을 보여준다. 또한 남학생들은 "여자애들 화장 진짜 다 지우면 다 못생겼다(남학생 집단면담)"고 이야기하며, 화장하지 않은 여성의 얼굴을 '못생긴' 얼굴로 비하했다.

그러면서 진하게 화장한 얼굴은 "가부키" 색으로 표현한다. 이는 강도후와의 면담에서도 여학생의 진한 화장이 마치 "가부키 같다" 라고 말하며 등장했던 혐오 표현이다. "가부키"는 짙은 화장과 양식화된 연기로 유명한 일본 연극이다. 여학생의 진한 화장은 연극 무대에 오른 어색한 배우에 비유되며 놀림의 대상이 되는 것이다.

유경준 맞아, 생얼이랑 화장하면 진짜 달라요.

임승윤 피부 색깔이.

박준호 맞아, 피부 색깔이 너무 달라.

유경준 문연재도 달라.

임승윤 애가 시궁창에서 갑자기 스케이트장으로.

박준호 화장을 안 하면 왠지 아파 보인다 해야 되나?

유경준 솔직히 말해도 돼요? 그런데 걔를 좀 비하하는 것은 안 되죠? 화장 안 했을 때는 멧돼지같이 생겼어요. 솔직히 말하면. 이게 좀 미안한데 걔는 솔직히 말하면 멧돼지같이 그런 색이에요, 얼굴이. 근데 화장을 하면 가부키 색.

연구자 가부키 색?

유경준 네.

연구자 가부키가 뭔지 아니?

유경준 엄청 하얗잖아요. 그 정도로 진하게 하고.

(남학생 집단면담)

이 남학생들에게 화장하지 않은 여학생의 얼굴은 "시궁창", "멧돼지" 색깔로, 화장을 진하게 한 여학생의 얼굴은 "가부키" 분장으로 혐오의 대상이 된다. 여학생들은 화장을 하지 않아도, 진하게 해도 혐오 표현의 대상이 되는 것이다. 이렇게 남학생들이 여학생의 화장에 관해 혐오 표현을 쓸 수 있는 것은 자신들이 여학생들의 외모에 대해 평가할 수 있는 위치에 있다고 여기기 때문이다. 물론, 대다수의 남학생들은 여학생들에게 직접 이런 혐오 표현을 하지는 않는다. 송제우처럼, 대부분의 남학생들은 "우리 반 여자애들은 배려를 하려면 화장 좀 해야 되지 않나?(송제우와의 면담)" 정도의 "포괄적인" 표현으로 여학생들의 "생얼"에 대한 불편한 심기를 드러낸다.

여학생의 화장에 대한 남학생들의 평가는 일면 모순적으로 보이기도 한다. 화장을 하지 않아도, 화장을 해도 혐오 표현의 대상이 되기 때문이다. 그런데 남학생들의 이야기를 들어보면 외모 평가의 기준은 의외로 단순하다. 그것은 '예쁜' 얼굴이냐의 여부에 달려있다. 이진철의 이야기에 따르면, 남학생들은 '예쁜' 여학생들에 대해서는 화장과 관련해서 부정적인 평가를 하지 않는다.

이진철　아, 남자애들은 여자들이 화장을 하잖아요. 남자애들은 화장 안 하니까 화장을 왜 하는지 모르잖아요. 그러니까 여자애들이 화장하는 거 보면 약간 꼴 보기 싫은 거죠.

연구자　그러니까 남자애들은 여자애들이 화장하는 것 자체를 싫어하는 거네.

이진철 근데 화장해서 예쁜 애들은 뭐라 안 그래요.

(이진철과의 면담)

강도후 또한 화장을 어떻게 해야 예뻐 보이느냐는 질문에 대해 "일단 먼저 화장을 안 해도 기본으로 예뻐야 한다"고 말한다. 이러한 남학생들의 인식 속에서 예쁘지 않은 여학생은 화장을 안 하면 배려 없이 "생얼"을 드러내는 것이기 때문에 혐오 대상이고, 화장을 하면 '못생긴' 얼굴을 숨기는 것이기 때문에 또한 혐오 대상이다. 드물기는 하지만, '예쁘지 않은' 여학생들은 "얼굴 빻았냐(남학생 집단 면담)"라는 혐오 표현의 대상이 되기도 했다.

혐오의 대상이 되는 '뚱뚱한' 몸

놀림과 비하의 대상이 되는 또 다른 여학생의 외모는 살집이 있는 몸, 다시 말해 '뚱뚱하다'고 표현되는 몸이다. 2학년 1반에서 권민진은 체격이 크고 살집이 많은 편인데, 일부 남학생들은 그런 권민진을 "돼지새끼" 등의 혐오 표현으로 모욕감을 주곤 했다. 홍해서가 그린 4컷 만화는 살집 있는 여학생에 대한 혐오 현상이 어떻게 나타나는지를 보여준다.

동그라미와 네모는 짝이다. 어느 날, 네모는 체격이 큰 여학생인 동그라미에게 "돼지새끼"라고 놀렸다(두 번째 컷). 돼지라는 동물에 비유된 동그라미의 심장은 산산이 부서졌고(세 번째 컷), 어둠 속에서 눈물을 흘린다(네 번째 컷). 이 만화 속 동그라미는 체격이 크고 살집이 있다는 이유로 놀림의 대상이 된다. "돼지새끼"라는 혐오 표

〈그림 1〉 집단면담 '이야기 만들기'에서 그린 홍해서의 만화

현은 이 학생을 슬픔과 절망의 상황으로 몰고 갔다.

만화를 그린 홍해서는 권민진과 친한 여학생이다. 동그라미로 표현된 민진은 스스로 이 반에서 "돼지새끼"라는 말을 가장 많이 들어본 학생일 거라고 자조적으로 이야기했다.[17] 이진철은 면담에서 "(민진이 체격이) 조금 큰 편인데 애들이 그걸 가지고 좀 많이 놀려요. 민진이랑 조금이라도 트러블이 나면 그냥 뚱뚱하다고 놀려요. 약간 약점 같은 거 잡는 거죠"라고 이야기했다. 이처럼 체격이 큰 여학생은 학급 안에서 약점이 되며, 혐오 표현의 대상이었다.

물론, 체격이 크고 살집이 있는 남학생에게도 "돼지"라고 놀리는

17. "저는 '돼지새끼'라는 말을 들어본 적 있어요. 아마 제가 제일 많이 들어봤을 거예요 (여학생 집단면담)."

일이 종종 있었다. 한국사회에서 비만은 곧 개인의 불성실과 연결되어 표상되기 때문에 성별을 막론하고 '뚱뚱한' 몸은 비하되는 경향이 있다. 그런데 민진에게 일부 남학생들이 "돼지새끼"라는 혐오 표현을 쓰는 것은 '뚱뚱한' 몸이 여성스럽지 않다고 여기기 때문이다. 이는 남학생들이 민진을 "큰형님"으로 부르는 것과 관련이 있다. 창의진로체험의 날, 권민진이 발표를 하려고 교실 앞쪽으로 나가자, 남학생 하나가 "큰형님 나가신다!"라고 소리쳤다. "큰형님"이라는 표현이 우스운 듯 학생들은 조금 소란스러워졌다가 권민진의 굳은 얼굴을 보자 잠잠해졌다.창의진로체험의 날, 2018.4.28. 관찰일지 당시 수업을 담당했던 체육 교사는 이러한 혐오 표현에 대해 별다른 개입을 하지 않았다. 그 교사는 이를 학생들 간 흔히 일어나는 놀림의 한 장면으로 여기는 것 같았다.

송제우에게 이날의 상황을 상기시키며 "큰형님"이라고 부른 이유를 묻자, 권민진이 다른 여학생에 비하여 힘이 세기 때문이라고 했다. 문연재 또한 "민진이는 손이 매워서, 그래서 그런 별명(큰형님)이 붙은 거예요"라고 했다. 이 뿐만 아니라 남학생들은 민진이가 웃을 때 목소리가 크다는 이유를 들어 "돼지 멱따는 소리"라는 혐오 표현을 쓰기도 했다. 힘이 세고 목소리가 큰 것은 큰 체격과 함께 여성스럽지 못한 특성으로 여겨진다. 민진의 살집 있는 몸이 여성스럽지 못한 몸으로 여겨지기 때문에 놀림을 받는 것은 "뚱뚱하다"는 혐오 표현이 여학생인 민진에게 큰 상처가 될 수 있다는 사실과도 연결된다. 이 학급에서 민진을 자주 놀렸던 임승윤은 서로 "뚱뚱하다"고 놀린 거였는데, 민진이가 갑자기 울어버려서 자기가 당황했다는 이야기를 했다.

유경준 아, 그때 울었잖아, 너 때문에. 승윤이가 그때 권민진한테 옆에서 계속 돼지새끼, 돼지새끼 그러면서 뚱뚱하다 그래가지고.

임승윤 걔가 먼저 시작했어요. 맨날 참는데 걔가 맨날 개무시하고 있고 그러니까 처음에는 참았는데 계속 그러니까. 아니 지가 분명 저보다 뚱뚱한데 왜 자꾸 저한테 뚱뚱하다고 하는지 진짜 이해가 안 돼 갖고.

연구자 민진이가 먼저 승윤이한테 뚱뚱하다 그랬구나.

임승윤 아니, 제가 그래서 뚱뚱하다고 했더니 갑자기 지가 빡쳐해요.

연구자 울었어?

유경준 네.

연구자 민진이가 먼저 뚱뚱하다고 그래서 똑같이 했는데 민진이가 울었다고?

임승윤 네.

(남학생 집단면담)

승윤과 달리 "뚱뚱하다"는 말에 울음을 터트린 권민진의 모습에서 알 수 있듯 이 말은 여학생에게는 훨씬 더 모욕적인 혐오의 언어로 받아들여진다. 그래서 "뚱뚱해"라는 표현을 "여자애들한테 하면 진지"한 공격이 되고, 여학생들은 이 말에 대해 "겁나 진지하게 빡쳐

(남학생 집단면담)"한다. 이러한 여학생들의 반응은 여성의 마른 몸이 강조되고 대부분의 여성들에게 다이어트가 생활화되어 있는 지배적인 문화와 관련이 있다. 이상적인 것으로 여겨지는 몸과 나의 몸 사이의 간극이 클수록 여성은 자신의 몸에 대해 수치심을 느끼기 쉽다. 게다가 그 몸이 매일 함께 보내는 학급 구성원들 사이에서 혐오 표현의 대상이 된다는 것은 매우 고통스러운 일일 것이다. 이렇게 일부 남학생들에 의해서 주도되는, 여학생의 외모와 관련된 여성혐오 표현을 정리하면 〈표 2〉와 같다.

〈표 2〉 여학생의 외모를 둘러싼 혐오 표현

혐오 대상 여학생	혐오 표현
살집이 있는 학생	뚱뚱하다, 돼지, 돼지새끼
체격이 크며 힘이 센 학생	큰형님
못생긴 외모를 가진 학생	얼굴 빻았냐
화장을 진하게 한 학생	가부키
화장을 하지 않은 학생	시궁창, 멧돼지

2학년 1반에서 혐오의 대상이 되는 여학생은, 살집이 있는 여학생, 체격이 크며 힘이 센 여학생, '못생긴' 외모를 가진 여학생, 화장을 진하게 하는 여학생, 화장을 하지 않는 여학생 등이다. 이를 통해 알 수 있는, 이 학급에서 이상적인 여성의 외모는 날씬하고 체격이 크지 않고 힘도 세지 않으며 얼굴은 '예쁘고' 화장은 한 듯 안 한 듯 자연스럽게 함으로써 '보기 좋게' 꾸민 외모임을 알 수 있다. 여학생들은 이러한 이상적인 외모에서 벗어나 있을 경우, 평가와 비하, 혐

오의 대상이 되기 쉽다.

일부 남학생들에 의하여 주도되는 여학생의 외모에 대한 혐오 현상은 여성의 이상적인(혹은 정상적인) 외모가 이 학급에서 생산·재생산되고 있음을 시사하는 것이기도 하다. 혐오 표현을 듣는 여학생 입장에서 이는 일상적으로 자신의 외모가 비하와 놀림의 대상이 됨을 의미하며, 그 과정에서 모욕감을 느끼고 차별을 당할 가능성이 높다. 나아가 여학생들은 '예쁜' 외모가 여성을 평가하는 중요한 기준 가운데 하나라는 것을 내면화하고, 이상적인 외모로 여겨지는 기준에서 벗어나 있는 스스로에 대해 열등감과 수치심을 가질 수 있다. 이러한 인식은 화장이나 다이어트 등을 통해 자신의 외모를 교정해야 한다는[18] 생각과 실천으로 이어지게 되는 것이다.

'섹드립'을 통한 여학생 모욕주기와 여성혐오

2학년 1반에서 인기가 많은 남학생들은 '섹드립'을 잘한다. '섹드립'은 성性, sex과 관련된 말을 의미한다. 남학생들은 자기들끼리 있을 때도 '섹드립'을 하지만, 교실이나 복도처럼 모두에게 공개된 공간에서도 이런 말들을 한다. '섹드립'에는 성교를 의미하는 "섹스" 말고도 "걸레", "fuck you" 등의 표현이 있다. 이 가운데 이 학급 남학생들이 가장 많이 쓰는 말이 "섹스"인데, 교실과 같은 일상 공간에서 "자연스럽게" "맨날 그냥" 말해진다. 학생들은 남학생들이 섹스에

18. 외모가 '교정'되어야 한다는 발상은 이미 '정상적인' 외모, '이상적인' 외모가 있다는 것을 전제로 하며 이때 명시적·비명시적으로 규범화된 '정상적'이며 '이상적인' 외모는 성별화된 외모이다(전희경, 2013).

관심이 많기 때문에 이 말을 자주 쓰는 것이라고 했다.

강도후 섹스. 남자애들이 되게 좋아해요, 이거를.

문연재 맞아, 너무 좋아해.

홍해서 이거를 맨날 그냥 말해요, 너무 자연스럽게.

강도후 맨날 제 친구 소원이 이거 하는 거. 맨날 길거리에서 크게 말하고 다니고요.

송제우 맞아, 길거리에서 그런 애들 있어.

연구자 교실에서도?

강도후 교실에서는 여자애들 있어서 많이 말 안 하고요.

홍해서 아니, 그런 애들 있었어.

연구자 선생님이 궁금한 게 주로 남학생들이 그 말을 써요, 아니면?

강도후 남자애들이 많이 쓰죠.

연구자 여학생들 중에 그런 말 쓰는 애가 있어?

송제우 남자애들은 공개적으로 쓰고 여자애들은 비공개로 쓰는 걸로 알고 있어요.

강도후 (여학생들이 그 말 쓰는 건) 많이 안 들어봤어요.

(남녀학생 집단면담)

남학생들은 교실에서는 여학생들이 있기 때문에 신경을 쓰기는 하지만, 여학생들도 남학생들이 "섹스"라는 말을 많이 한다는 사실을 알고 있다. 여학생들 사이에서도 이 말이 쓰이기는 하지만, 남학생들이 주로, 더 공개적으로 쓴다. 학생들의 말처럼 일부 남학생들이 '섹드립'을 자주 하는 것은 성적인 것에 관심이 많이 생기는 청소년기의 특징으로 볼 수도 있다. 그래서 남학생들 사이에서 '섹드립'은 "장난으로 많이 쓰는" 재미있는 말로 여겨진다.

연구자 섹드립이라는 게 있다던데 그게 뭔지, 어떤 상황에서 쓰는 건지 말해줄 수 있니?
유경준 (손으로 '섹스'라는 단어가 쓰인 포스트잇을 가리키면서) 저거 첫 번째 상황은.
연구자 섹스는. (학생들 웃음)
유경준 남자애들끼리 좀 많이 모여 있을 때 장난으로 많이 쓰고, 기분 나빠하지도 않아요, 애들이.
연구자 그냥 이 말을 하면 좋아해, 다들?
유경준 아니. 아니, 재밌어하죠.

(남학생 집단면담)

남학생들이 교실과 같은 일상의 장소에서 '섹드립'을 하는 것은 가부장제 사회에서 대부분의 성적 문화물이 여성의 성을 대상화하는 것과 관련이 있다. 강도후는 면담에서 이와 같은 맥락에서 '섹드립'이 "거의 다 여자를 이렇게 말하는," "여자를 향해서" 말하는 것이라고 했다. 이 학생들이 1학년이었을 때, 학교 전체에 알려질 정도로 유명한 '섹드립' 사건이 있었는데, 그것은 일부 남학생들이 교실에서 걸그룹 춤을 추면서 성행위를 표현했던 것이다.

강도후 그게 어, 저랑 친구들이랑 같이 자율시간에 비도 오고 해서 할 게 없잖아요. 그래서 교탁 위에 올라가서 저는 안 추고 그냥 애들이랑 웃고 있었고(살짝 웃음), 다른 애들이, 다른 반 애들이 1학년 8반 때 올라와가지고.

연구자 저기 위에 올라가서?

강도후 네, 1학년 8반 교실에서. '위아래'를 췄어요. 근데 이제 다른 반 애들이 그걸 보고, 야하게 하는 줄 알고 저희 담임 쌤한테 말했고, 쌤은 그걸 오해 하셔가지고 되게 많이 화나셔서 교무실로 가고, 선생님이 너무 화나셔서 선도부 선생님들이 다 오시고 했거든요. 근데 저희가 그런 게 아니라 그냥 '위아래' 춤만 췄는데도 야한 춤이라고 저희 담임 쌤한테 말한 거예요. 그래가지고 교무실 가서.

연구자 선도부에도 가고?

강도후 선도부 갈 뻔했어요. 선도부 선생님들도 다 오셨는데, 저희가 야한 춤 춘 게 아니라 '위아래' 췄다니까, 담임선생님이 알았다고 해가지고. 회복적 성찰문 쓰는 거 있거든요. 그거 한 장 쓰고 끝났어요.

(강도후와의 면담)

도후의 같은 반 남학생들이 교실 앞에 나가서 췄다는 '위아래' 춤은 걸그룹 EXID가 2016년에 발표한 곡의 뮤직비디오에 등장하는 춤이다. 도후는 야한 춤이 아니라 유명 걸그룹 흉내를 냈을 뿐이라고 했지만, 이 그룹이 '위아래'라는 곡에 맞춰 추는 춤 영상을 보면, 대부분이 성행위를 떠올리게 하는 동작들로 이루어져 있음을 알 수 있다. 결국 이 남학생들은 공개적인 공간에서 성행위를 묘사한 것이다.

여성과 남성에게 성과 관련된 규범이 차별적으로 적용되는 사회에서 남학생들이 교실이라는 공간에서 여성들의 성행위를 표현하는 것은 여성을 성적으로 대상화하는 것과 무관하지 않다. 성과 관련된 실천에 있어 여성에게 수동적이고 소극적인 역할을 부여하는 것이 지배적인 사회에서 여성은 성에 관한 관심이나 성욕을 자유롭게 표현할 수 있는 주체가 아니다. 이에 비하여 남성의 성욕과 성과 관련된 실천은 자연스러운 것으로 권장되고 때로 남성적인 능력의 표시로 인식되기도 한다. 이러한 이성애 규범이 공고한 사회에서 남성이 여성들이 있는 공개적인 장소에서 성에 관해 표현하거나 성행위를 묘사하는 것은 그 공간에 있는 불특정 여성들을 성적으로 대상화하는 것으로 해석될 수 있다. 실제로 직장과 같은 공공의 공간에서 남성들이 포르노 등을 보는 행위는 여성을 성적으로 대상화하고, 이를 목격한 여성들이 모욕감을 느낄 수 있기 때문에 성희롱에 해당된다.

교실에서 함께 생활하는 여학생들 또한 남학생들의 '섹드립' 때문에 모욕감을 느낀다. 이 학급 여학생들은 중학교 입학 후 남학생들로부터 '섹스'라는 말을 듣기 시작했고, 남학생들이 "섹스하고 싶다"라는 말을 장난처럼 하는 걸 들으면서 생활한다고 했다. 여학생들에게 이런 '섹드립'은 민망함을 넘어 불쾌감을 느끼게 한다.

문성진 저는 섹스 들어봤습니다.

연구자 들어봤어?

권민진 맞아요. 섹스

문성진 남자애들한테서.

권민진 맞아요, 저희 입학하자마자 들어봤어요, 섹스.

연구자 이거, 섹스를 여자애들한테 어떻게 말해? 남자애들이?

문성진 그니깐 야한 얘기를 하면서.

권민진 맞아요.

문성진 막 '섹스하고 싶다.' 이런 말 막 해요.

문성진 그러는 것도 있고 오늘 저희 모둠에서도 어떤 아이가 '아침섹스, 점심섹스, 저녁섹스' 이래서 너무 민망했어요.

연구자 민망했어? 또 어떤 기분이 들어?

권민진 살짝… 다른 욕들은 몰라도 그 말은 좀… 불쾌감을 느껴요.

박소현 음… 그냥 기분이 되게 나쁜 것 같아요.

연구자 주희는 어때? 그런 말 들어봤어?

민주희 네… 그… 저는 조금 이제 민망하고. 왜 저런 말 하는지 모르겠어요.

(여학생 집단면담)

남학생들은 '섹드립'을 듣거나 본 여학생들이 성적 수치심을 느낄 수 있음을 알고 있으면서도[19] 공개적인 장소에서 '섹드립' 하는 것을 재미있어 한다. 이는 여성과 남성에게 차별적인 이성애 성적 규범을 활용하고 재생산하며, 여성을 성적으로 대상화한다는 측면에서 직접적으로 특정 여성을 모욕의 대상으로 삼은 것은 아니지만, 여성혐오 표현이라고 할 수 있다. 더구나 '섹스하고 싶다'는 말은 함께 생활하는 여학생들에게는 성폭력의 위험에 준하는 매우 위협적인 말이 될 수 있다.

2) 다른 사람과 다르다는 이유로 혐오의 대상이 되는

너른중학교 2학년 1반 학생들은 다수의 학생들 시각에서 보았을 때 이해하기 어려운 말이나 행동을 "특이한"[20] 것으로 여기며 해당 학생을 혐오 표현의 대상으로 삼기도 했다. 학생들이 흔히 쓰는 비속어 가운데 하나인 '지랄'은 의외의 "특이한" 행동을 할 때 비꼬는 말이다. 학생들이 이 말을 자주 사용한다는 것은 이 학급에서 "특이한" 행동이나 말을 하는 것이 비난과 놀림의 대상이 된다는 것을 의미한다.

---

19. "성적 드립은 다른 사람의 수치심을 일으킬 수 있는 그런 거"(남학생 집단면담).
20. '특이(特異)하다'는 사전적으로 두 가지 의미가 있다. 첫 번째는 '보통 것이나 보통 상태에 비하여 두드러지게 다르다'이고, 두 번째는 '보통보다 훨씬 뛰어나다'이다(네이버 국어사전). 이 연구에서 사용되는 '특이하다'의 뜻은 첫 번째 사전적 의미에 가깝다.

이진철 그 다음에 지랄이요.

강도후 아, 지랄….

홍해서 아….

연구자 지랄은 언제 쓰는데?

홍해서 그냥 나댈 때.

이진철 터무니없는 행동할 때.

강도후 그러니까 그 상황에 해야 하는 행동을 하지 않고 약간 특이한 행동을 할 때, 비꼴 때, 쓰는 말이지 않아요? 지랄이라는 단어가. 지랄 염병, 염병 같이 쓰고.

(남녀학생 집단면담)

송제우도 이와 비슷한 이유로 혐오의 대상이 된 적이 있다. 제우가 제일 많이 듣는 혐오 표현이 "병신"이라는 말인데, 제우가 다른 학생들한테 이런 혐오 표현을 듣는 이유는 평소 남과 다르게 사고하고 행동하는 걸 좋아하는 자신의 성향 때문이라고 했다. 이처럼 학생들 사이에는 남들과 다르게 생각하고 행동하는 것, "혼자 튀는" 것에 대한 비하와 혐오 문화가 있다.

학생들이 보기에 '특이한' 행동 가운데 하나는 더럽다고 여겨지는 행동이다. 연구 참여 학급의 남학생인 이승헌은 '더러운 행동'을 한다는 이유로 학급에서 부정적인 말을 듣는다.

유경준 밥 먹을 때도 그렇고 평소에 좀 더러운 행동을 하는데 그런 면만 아니면 되게 귀여워요. 얘도 그렇게 생각하고 있고.

연구자 그래서 짝꿍 해도 이제 괜찮은 거구나. 더러운 행동이 뭐야? 코딱지 파고 그런 거?

유경준 네, 막 수업 시간에 그러는데.

박준호 코딱지 파고 애들한테 위협해요.

연구자 코딱지로?

박준호 네. 붙이려고 하고.

임승윤 학기 초반에는 막 애들 앞에서 대놓고 방귀 뀌고.

연구자 방귀는 누구나 뀌잖아.

임승윤 아니, 그게 그냥 뀌는 게 아니라 친구한테 향해서.

연구자 여자애들한테도?

유경준 여자애들한테도 그런 적 있어요. 그래서 걔가 맨 뒤로 갔어요.

연구자 아, 그래서 맨 뒤로 갔구나.

임승윤 아니, 맨날 이렇게 하고 있으면 팬티가.

유경준 얘가 바지가 좀 큰가 봐요. 이렇게 하면 팬티가 보여서 여자애들이 막 싫어해요. 여자애들이 싫어해서 맨 뒤로 갔어요. 그러니까 이게 사람마다 다르잖아요. 혐오스러운 애들도 있고 그냥 넘어가는 애들도 있고. 저희 반 애들은 좀.

(남학생 집단면담)

특히 학생들은 승헌이가 점심을 먹을 때 "반찬이랑 국물이랑 밥

이랑 다 섞어 먹는" 것을 지저분하게 생각했다. 그래서 점심시간에 이 학생 옆에 앉는 걸 꺼려한다. 그런데 학생들이 승헌이를 부정적으로 인식하고 싫어하는 이유는 '더럽기' 때문만은 아니었다. 담임교사인 박진숙 선생님은 승헌이 보호자와의 상담을 통해 알게 된 사실을 알려줬다.

> 초등학교 1학년 때 아스퍼거[21] 진단을 받았는데, 나중에 3학년 땐가 4학년 때 학교에 있는 어떤 선생님이 아스퍼거가 아니다고 해서 그 뒤로 더 이상 진단을 안 받고 그냥 이렇게 지금까지 지내고 있다고 하시더라고요. 근데 애들이 승헌이를 싫, 아니 좋아하진 않아요. 예를 들면, 밥 먹을 때 보면 하나하나 따로따로 먹어야 되는데 애는 너무 많이 먹어요. 그것도 깍두기든 고기든 모든 반찬을 한꺼번에 밥에다 다 넣고, 그냥 숟가락으로, 젓가락을 안 쓰고 막 먹어요. 빨리 먹고, 또 받아야 하니까 막 허겁지겁 먹고. 더 먹을 사람 더 먹어, 하면 식판 들고 질주할 정도로 식탐이 강해요. 그것 말고도 다른 사람의 말을 잘 들어주지는 않고 자기 얘기만 계속해요. 자기 관심사, 컴퓨터 얘기라든가 아니면 자기가 꽂힌 얘기만 하죠. 그러다보니 애들이 많

21. 아스퍼거증후군은 발달장애의 일종으로, 사회관계나 화학 현상과 관련된 상호작용에 어려움을 겪고 관심사와 활동에 상동증이 나타나는 자폐스펙트럼장애(ASD)의 한 종류이다. 다른 ASD와는 달리 전체에 걸쳐 언어 지체나 인지발달 지연은 발생하지 않으며, 표준진단 기준에는 포함되어 있지 않으나 서투른 동작과 특이한 언어 사용이 자주 보고되었다(위키피디아).

이 싫어했어요.

(담임교사와의 면담)

승헌의 경우, 원인을 알 수는 없으나 사회적 상호작용에 있어 다른 학생들과는 다른 규칙이나 습성을 가지고 있다. 학생들은 소위 평균적인 범주 밖에 있는 것으로 여겨지는 승헌의 행동을 잘 받아들이지 못하고 싫어한다. 그래서 학생들이 승헌을 공격하거나 따돌리는 일이 학년 초 이 학급의 중요한 이슈 중 하나였다. 담임교사의 개입과 중재로 현재는 이전에 비해 학급 안에서 큰 어려움을 겪고 있지는 않다.

학생들이 생각하는, '특이한' 행동에는 이승헌처럼 여러 방면에서 다른 학생들과는 다르게 행동하는 것뿐만 아니라 진지하게 자신의 감정과 입장을 이야기하는 것도 포함된다. 박준호는 면담 당일 코를 다친 채로 왔는데, 면담 직전 다른 남학생인 지우에게 맞았다고 했다.

유경준 좀 어이없게 맞았어요.

박준호 뜬금없이 갑자기.

임승윤 (지우가) 뜬금없이 빡쳐 가지고 얘를 때렸어요.

연구자 많이 놀랐겠네.

박준호 갑자기 맞아서 순간.

유경준 근데 얘가 잘못하기는 했어요. 잘못한 것도 있어요.

임승윤 지우가 왜 때렸겠어요?

유경준 그러니까 걔를 진지충이라고 막 해 가지고.

박준호 갑자기 진지한 얘기를 하기에. 저희 둘이 장난치고 있었거든요.

유경준 장난친 게 아니라 그러니까 제티가 있어요.

박준호 우리 둘이 장난치고 있었는데.

연구자 지우랑?

박준호 네, 저랑 이렇게 제티 같이 먹는다고.

연구자 어.

박준호 갑자기 얘가 그거 뺏는다고, 제티 뺏는다고 손잡고 막 이랬는데. 그러다가 손이 아프다고, 몇 번이나 말 했는데 왜 안 듣냐고. 손 아프다고. 근데 갑자기 진지하게 말하니까 진지충이라 했는데 갑자기 때렸어요.

(남학생 집단면담)

연구 참여 학급의 남학생 중 한 명인 정지우는 박준호와 장난을 치다가 준호가 잡은 손이 아파서 몇 번이나 빼달라고 했다. 그런데도 준호가 계속 장난을 치자 진지하게 자기 요구를 말했다. 준호가 그런 지우한테 "진지충"이라고 놀렸고, 지우는 그 말에 화가 나서 준호를 때린 것이다. 박준호 입장에서는 이것이 "뜬금없는" 공격으로 여겨졌겠지만, 지우는 자신의 정당한 문제제기가 "진지충"이라는 말로 놀림 받는 것에 대해 화가 났던 것으로 보인다.

혐오의 이유가 되는 이 '특이한' 행동에 대해, 무엇을 특이한 것으로 볼 것인지, 이것을 어떻게 이해할 것인지의 문제는 고정적인 것이 아니라 계속해서 구성되는 것이다. 예컨대, 더럽다고 여겨지는 행동이나 진지한 문제제기와 같은 것은 현재 이 학급에서는 '특이한' 행동일 수 있지만, 다른 공간에서는 아닐 수 있다.

이렇게 학생들이 평균적인 것, 예상 가능한 것에서 벗어나는 행동이나 특성에 대해 혐오 표현을 하는 것은 이들이 평균이나 유사성을 규범적인 것으로 인식하고 있을 가능성을 보여준다. 앞에서도 말했듯이 너른중학교 학생 구성은 매우 동질적인 편이다. 가정 배경이나 문화적인 자원, 인종이나 민족적 정체성, 장애 유무 등에 있어 이 학교 학생들은 매우 비슷한 여건에 있다. 비슷한 가정 배경을 가진, 같은 인종의, 비장애인이 대다수인 학급에서 다양성이나 이질성을 받아들이기 어려워하는 질서와 문화가 형성되어 있는 것이다. 그리고 이 부정적인 반응은 '다른 것'에 대한 배타적인 형태의 말과 행동인 혐오 현상으로 드러난다. 이 혐오 현상은 이를 직·간접적으로 경험하는 이 학급의 학생들에게 모종의 영향을 미칠 것이다. 평균에서 벗어나 있는 것으로 보이는, 대다수의 학생들과는 다른 행동과 말에 대한 이러한 혐오는 학생들을 특정한 방향이나 태도로 규율하는 결과를 낳을 수 있다.

3) 무능력한 사람은 놀림과 혐오를 받을 만한 사람?

너른중학교는 학업성취를 중요시하는 분위기가 지배적이며 실제로 인근의 다른 중학교에 비하여 학생들의 학력이 높은 편이다. 보호자와 학생들 모두 성적에 관심이 많다. 2학년 1반 학생들은 연구가 진행되던 당시 누가 성적이 높고 누가 낮은지 잘 알고 있었다. 그리고 성적이 낮은 학생에 대해 혐오 표현을 곧잘 사용했다.

집단면담에 참여한 여학생들의 말에 따르면, 이 학급의 남학생 가운데 한 명인 유지환은 수행평가 점수 때문에 박소현이나 권민진한테 "그것도 점수냐", "그것밖에 못 받았어?"라는 모욕적인 말을 들었다. 그리고 공부에 흥미가 없는 한 여학생을 두고는 다수의 학생들이 평소 그 여학생의 태도와 행동을 문제 삼으며 성적이 낮을 수밖에 없다고 놀리기도 했다는 것이다.

> 문성진 네, 저희 반에 한 여자애가 있는데요. 걔가 많이 졸고 좀 외모에만 관심이 많아요. 근데 제가 보기에는 걔는 열심히 하려고 하면 진짜 잘할 것 같거든요. 근데 그냥 공부에 흥미가 없는 것 같아요. 흥미가 없으면 안 하게 되고 솔직히 안 하면 결과도 잘 안 나오잖아요? 그래서 결과가 잘 안 나오는데 맨날 애들이 걔 보고 '너 또 시험 못 봤지? 네가 그렇지. 뭐.' 이렇게 말해요.
>
> 권민진 네. '맨날 처자니까 그렇게 점수가 안 나오지.' 이래요.
>
> (여학생 집단면담)

낮은 성적이 놀림의 대상이 된다는 것은 이 학급에서 성적이라는 것이 서로를 판단하는 중요한 기준임을 의미한다. 학업성취를 중요시하는 학교 전반의 문화는 학생의 성적에 따른 차별이 일어날 가능성이 높음을 시사하고, 학생들 스스로도 서로를 성적을 이유로 차별하고 혐오한다.

연구 참여 학생들이 "제일 많이" 쓰는 혐오 표현 가운데 하나는 "병신"이다. 학생들은 상대방이 뭔가를 잘하지 못할 때 "병신" 혹은 "병신 새끼"라고 말한다. 이 말은 일상에서도, 온라인게임에서도 흔히 쓰인다. 학생들은 뭔가를 잘 못하는 것에 대해 직접적으로 표현하는 것보다 '병신'[22] 즉, 장애인에 빗대어 표현하는 것이 그것을 더 비난한다고 여긴다. 학생들 사이에서 쓰이는 "병신"이라는 장애인 혐오 표현은 교실 안팎에서 장애인을 대상으로 하는 멸시와 차별의 언어가 아니라, 마음에 안 드는 대상을 열등하다고 여겨지는 집단에 빗대어 표현함으로써 더 모욕적으로 비난하는 효과를 갖는 말이다.

연구자 (게임을 잘 못하는 사람에게) 손 병신이야, 이래?

송제우 손으로 이렇게 조정을 하다 보니까 손을 비하하는 거죠. 장애인 비하하는 거랑 같죠. 너는 무슨 진짜 손이 아프냐? 손이 없냐? 이런 것처럼 한 손가락으로 플레이하냐? 별의별 상황을 다 만드는 거죠, 욕할 때.

연구자 왜 이렇게 못 하냐? 이런 표현이구나.

22. "병신"이라는 장애인 혐오 표현은 비난보다 더 가벼운 의미로 쓰이기도 한다. 친구들을 "웃기려고 하는 것"도 "병신아, 병신 짓 하네(홍해서와의 면담)"라고 한다는 것이다. 학생들이 장난으로 하는 행동에 대해서 장애인 혹은 장애인의 행동이라고 말하는 것 또한 사회 내 열등한 집단의 특성을 희화화하고 그들에 대한 차별을 재생산하는 결과를 낳는 것이다.

송제우 그것도 왜 이렇게 못 하냐를 돌려서 말하는 건데, 사실 더 세게 돌려 까는 거죠. 실제로는.

(송제우와의 면담)

상대방을 장애인에 빗대어 비난할 만큼, 게임 상황에서 실력이 없는 것은 혐오스러운 일로 여겨진다. 학생들에게 인기가 많은 '오버워치'나 '베틀 그라운드'와 같은 게임은 여러 사람이 팀을 이루어 공동의 프로젝트를 해결해나가는 설정이다. 그렇기 때문에 협력과 공동작업이 필수적이다. 이때 실력이 부족한 사람은 같이 성장할 동료가 아니라 배척해야 할 혐오 대상이 된다. 이때의 혐오 표현은 보이스 채팅이나 채팅창을 통해서 전달된다. 게임을 지게 만드는 원인이 되는 팀원은 '트롤', '(손)병신', '미친 놈', '미친 새끼', '니 에미' 등의 혐오 표현을 들으면서, 1:1이나 1:多의 형태로 혐오의 대상이 되었다.

게임에 관심이 많은 학생들은 게임을 잘 못해서 팀 패배의 원인이 되는 팀에 대한 혐오 표현을 마치 게임에 참여하기 위해서는 당연히 거쳐야 하는 통과의례처럼 경험하고 있었다. 학생들 중에는 온라인게임 방송을 즐겨 시청하는 경우도 있는데, 이 학생들은 온라인게임 방송에 나오는 BJ가 사용하는 다양한 혐오 표현을 보고 들으면서 혐오를 학습하고 있었다. 송제우에 따르면, 유명한 방송 BJ가 게임 방송에서 말과 채팅으로 욕을 했는데 그에 대해 별다른 제재가 없었던 탓에 많은 사람들이 게임을 할 때 욕하는 게 "유행"이 됐다고 한다.

이 학급에서는 학업성취나 온라인게임에 있어 무능한 것, 능숙하지 않은 것, 좋은 성취를 얻지 못하는 것은 혐오의 대상이 된다. 무엇인가를 잘 못하는 것이 혐오의 이유가 되는 학급 문화는 일의 과정보다는 결과를 중요시 여기는 문화로 연결될 가능성이 높다. 그런데 무능력한 것이 곧 혐오의 이유와 논리가 되는 것은 아니다. 인기가 많은 남학생들 또한 성적이 낮은 편이지만, 학급 내 상호작용 질서에 있어 우위에 있기 때문에 그것이 혐오의 이유로 작동하지 않는다. 학교의 공식적인 질서와 학생들 간 비공식적인 질서가 서로 복잡하게 얽히면서 누군가는 어떤 특성 때문에 혐오의 대상이 되지만, 누군가는 그렇지 않기도 한 것이다. 따라서 혐오의 대상 집단이 누구인지를 보는 것은 그 집단의 특성이 아니라 학교와 학급의 질서에 주목하는 논의로 연결되어야 한다.

너른중학교 2학년 1반에서 혐오의 대상이 되는 학생은 크게 두 부류로 나누어 볼 수 있다. 하나는 사회적, 역사적으로 소수자 집단에 속해 있는 사람들이다. 예를 들어, 여성은 사회적으로도 대표적인 소수자 집단임과 동시에 교실 안에서도 혐오의 대상이었다. 이에 비해 이 학급에서 혐오의 대상이 되곤 하는, '특이한' 행동을 하는 사람이나 무능력한 사람의 경우는 사회적, 역사적으로는 소수자 집단으로 보기 어렵다. 그렇지만 학교 안에서 이러한 학생들이 혐오의 대상이 되는 것은 학교의 문화와 질서가 어떤 존재를 바람직하게 여기는지 시사한다.

3. 혐오의 방식:
공개적인 모욕과 멸시를 표출하는

너른중학교 2학년 1반에서 나타난 혐오의 방식은 혐오 표현의 유형 중 '차별표시'와 '공개적인 멸시·모욕·위협'이었으며 '증오선동'이라고 분류할 만한 현상을 발견하기는 어려웠다. '공개적인 멸시·모욕·위협' 방식은 혐오의 주요 대상이 되는 학생의 외모를 '동물화'하고 그에 대한 감정을 노골적이고 공격적으로 적나라하게 드러내는 특징을 보였다. 또한 이러한 혐오 현상은 '친한 사이'에서 '장난으로' 이루어지는 경우가 많았다.

1) 공개적인 멸시, 모욕, 위협의 방식

너른중학교 2학년 1반 안에서 발생하는 혐오 현상 중에는 '공개적인 멸시·모욕·위협'의 형태를 띤 것이 가장 많았다. 학생들 사이에서 멸시적이고 모욕적인 행위와 표현은 주로 앞서 서술한 혐오의 이유를 가졌다고 여겨지는 학생들을 대상으로 이루어졌다.

그런데 학교 안에서 발견되는 혐오 현상이 주로 공개적인 모욕과 멸시의 방식으로 이루어지는 것은 차별표시 방식의 혐오가 더 많이 나타나는 사회의 전반적인 경향과는 다른 특성이다.[23] 이러한 특성은 학교 안에서 발견되는 혐오 현상이 다른 시공간에서의 혐오 현상보다 어떤 면에서 더 문제적일 수 있음을 말해주는 지점이며, 학생들 사이에서 혐오 표현이 '과시용'으로 사용된다는 것을 보여주는 것이기도 하다.

너른중학교 2학년 1반 안에서 발견되는 공개적인 멸시·모욕·위협 방식의 혐오 현상은 혐오 대상을 동물화하거나 공격적 표현을 사용하는 특징을 보였다. 또한 차별과 혐오의 의미를 담은 욕설 사용을 통해 괴롭히려는 대상을 사회적 소수자 집단에 빗대어 비하하기도 한다. 또한 혐오가 친한 사이에서 장난으로 여겨지는 문화가 학생들 사이에 형성되어 있음을 발견할 수 있었다. 공개적인 멸시·모욕·위협 방식의 혐오가 갖는 특징을 좀 더 구체적으로 살펴보면 다음과 같다.

동물화

학생들 사이에서 나타나고 있는 공개적인 멸시·모욕·위협 방식의 혐오는 그 대상이 되는 학생의 외모를 '동물화' 하는 특징을 보였다. 학생들은 "돼지새끼", "돼지 멱따는 소리", "멧돼지", "마른 멸치" 등

23. "어느 정도 정상화된 사회에서는 다 차별표시로 도망가죠. 왜냐하면 기본적인 인간의 윤리 감정에서 누군가를 너무나 미워하거나 욕설을 하는 건 아무래도 꺼리잖아요. 결국에는 차별표시로 다 도망가요. 증오선동이나 공개적인 멸시·모욕은 아무래도 사회가 조금 발전하면 발전할수록 좀 피해가는 경향들이 생긴다는 거죠, 자연스럽게. 차별표시가 보통 일반적인데 왜 학교에서 이런 노골적인 표현들이 더 횡행하는지는 연구가 필요하다고 봅니다(2018.8.21. 자문회의)."

의 표현을 사용하여 다른 학생의 외모를 놀리고 비하했다. 이는 사람의 몸과 얼굴을 동물에 비유하여 이상적이지 않은 외모에 대한 혐오를 드러내는 것이다. 또한 혐오의 대상이 되는 학생의 말과 행동 역시 동물에 비유되며 놀림과 혐오의 대상이 되었다. 예를 들어, 살집이 있는 여학생의 웃음소리는 "돼지 멱따는 소리", 살집이 있는 여학생이 음식을 먹는 모습은 "적당히 처먹어"라는 말로 혐오되었다.

홍해서 "돼지새끼"야. 누가 누구한테 하는 걸 들었는데 진짜 너무 화가 나는 거예요. 걔네들이 뭔데 걔를 판단하고 그렇게 말하는지.

연구자 근데 언제 그 말을 쓰는데?

문연재 뭐 먹을 때.

홍해서 그냥, 그냥 막 돼지 멱따는 소리 난다. 제가 듣기에 솔직히 너무 짜증나고, 걔라면 정말 상처받을 거 같아요.

연구자 주로 통통한 사람한테 그렇게 말하니? 돼지새끼?

문연재 아, 근데 진짜 아무한테나 돼지새끼라고 하잖아. 뭐만 먹으면 돼지새끼래.

홍해서 근데 보통 좀 통통한 애들한테 해요.

강도후 통통한 건 아니거든, 잘 먹는 애들. 많이 먹는 애들.

홍해서 티를 안 내서 그렇지 얼마나 상처받겠어.

(남녀학생 집단면담)

학생들 사이에서 중요하게 여겨지는 학업성적, 온라인게임 등의 영역에서 무능력하다고 판단되는 학생 역시 동물에 비유되었다. 특히 남학생들 사이에서는 온라인게임에서 승리할 수 있는 능력을 갖추는 것이 매우 중요했는데, 이를 반영하듯 온라인게임 상에서 '계급'이 높은 친구가 '계급'이 낮은 친구를 공개적으로 놀리고 비하하는 현상도 발견되었다.

> '심해어'라는 말은 주로 게임에서 많이 사용하는데 계급이 정해져 있어요. 나는 파란색, 너는 빨간색 이렇게 정해져 있는데, 그 계급이 낮을 때 상대적으로 높은 친구들이 막 이렇게 놀리는 말이에요. 빨간색 계급이 맨 마지막 계급이고, 파란색 계급이 제일 위 계급일 때 파란색 친구가 빨간색 계급 친구에게 야, 너 빨간색이지, 야, 이 '심해어'야 이래요. 심해어가 바다 깊숙이 살잖아요. 그래서 계급이 아주 밑에 있다, 바다 끝까지 파고 들어간다 해서 '심해어'라고 부르죠.
>
> (송제우와의 면담)

이와 같이 교실 내 혐오의 방식이 '동물화'라는 특징을 갖는 것은 너스바움의 혐오 관련 논의와도 관련이 있다. 그는 저서 『혐오와 수치심』에서 혐오라는 감정은 동물적인 것에서 벗어나려는 인간의 욕구와 결부되어 있다고 했다. 이때 너스바움이 말한 동물적인 것은 '유한성'과 '불완전성'을 상징하며, 혐오의 감정은 자신을 오염시킬 수 있는 것에 대한 거부와 기피라고 했다. 이를 적용해볼 때 너른 중학교 2학년 1반에서 학생의 특정 외모, 말, 행동 등을 '동물화' 하며 혐오하는 것은 혐오의 대상이 갖는 불완전성이 자신조차도 불완전한 존재로 오염시킬 수 있다는 두려움과 이에 대한 거부에 기반한 것으로 해석할 수 있다.

공격적 표현

너른중학교 2학년 1반에서 발견되는 혐오는 대상에 대한 감정을 자제하거나 순화하여 표현하지 않고 "그냥 대놓고" 노골적이고 공격적으로 드러낸다는 특징을 보였다. 대표적으로 "뚱뚱해", "돼지새끼야", "적당히 처먹어", "얼굴 빻았냐", "화장해도 못생겼다", "병신", "섹스"와 같은 혐오 표현을 그 예로 들 수 있다.

이진철 소곤소곤. 약간 소곤소곤 얘기해요.

강도후 소곤소곤 안 하잖아. 그냥 대놓고 야, 이 돼지새끼야 그러잖아.

이진철 그건 하율이.

강도후 아니, 서로서로 그러잖아. 지환이도 그렇고. 경준이도 "아, 저 돼지새끼" 이러잖아.

(남학생 집단면담)

혐오 대상에 대한 적대성을 숨기지 않는 것은 물론 더 강하고 공격적인 표현을 찾아내거나 만들어내면서 학생들은 혐오의 감정을 적나라하게 드러낸다. 이럴 때, 혐오의 대상이 되는 학생이 혐오 상황과 혐오 표현으로 인해 느낄 감정은 전혀 고려되지 않는다.

혐오의 노골성과 공격성을 드러내는 학생들의 말과 행동은 앞서 서술한 남학생들의 '섹드립'에서도 발견된다. 쉬는 시간에 남녀학생이 함께 있는 교실에서 남학생들은 행동으로 성행위를 묘사하거나 "섹스"와 같은 성적인 단어를 사용하여 여학생들이 불쾌감이나 수치심을 느낄만한 상황을 만들고 그 상황을 웃고 즐기는 일(남녀학생 집단면담, 강도후와의 면담, 여학생 집단면담)을 들 수 있다. 또한 다른 학생들과는 다른 행동을 자주하는 이승헌의 뒤에서 다른 남학생들이 몰래 의자를 빼거나 박수를 치는 방법으로 승헌이를 놀라게 하거나 당황하게 만들고 이에 놀란 승헌이가 바닥에 음식을 뱉자 또다시 그 모습을 더럽다고 놀리는 일도(이진철과의 면담) 매우 공격적인 혐오 행위이다.

때로는 혐오 대상 학생을 놀리고 비하하는 것에서 더 나아가 그 학생을 따돌리거나 "왕따"를 조장하는 등 '학교폭력'의 문제로 발전되는 경우도 있었다. 이진철도 자신과 함께 어울리며 놀던 친구가 "뚱뚱하다"는 이유로 따돌림 당하는 상황을 지켜본 경험이 있었다.

이진철 제가 A랑 B랑 재밌게 놀고 있는데 C가 와서 A는 뚱뚱하지 않냐, 놀지 말라고 했어요. 소곤소곤. 그래서 B가 도망갔어요, 놀기 싫어서.

강도후 어울리지 말라고, 왕따를 시킨 거죠.

연구자 뚱뚱하다고?

이진철 네.

(남학생 집단면담)

이와 같이 혐오와 학교폭력이 결코 별개의 것이 아니며 서로 긴밀한 관련성을 갖는다는 점에서 함께 논의되어야 하는 사안임을 알 수 있다. 혐오 현상은 사회적 소수자 집단에 대한 차별적 의식이 언어적·신체적 폭력으로 발전됨으로써 혐오와 차별의 대상이 되는 학생들의 일상을 위협할 수 있기 때문이다.

그렇다면 교실 내 혐오 현상에서 드러나는 학생들의 공격성은 어디에서 비롯된 것일까? 하승우 외2013는 저서 『그리고 학교는 무사했다』에서 학생들의 분노와 공격성의 원인을 살피는 데 '경쟁교육'이라는 키워드가 유효한 틀을 제공해준다고 보았다. 이러한 분석은 너른중학교 내 혐오 현상을 분석하는 데에도 적용될 수 있다.

너른중학교의 특성 중 하나는 학업성취를 중요시한다는 점이다. 이렇게 공부와 성적 중심의 질서를 바탕으로 '경쟁'을 촉진하고 학습시키는 학교문화는 너른중학교뿐 아니라 대부분의 학교들에서 발견된다. 경쟁문화와 더불어 너른중학교는 학생들의 학업성취도가 높은 "좋은" 학교로 여겨지는 곳이다. 너른중학교의 이 같은 교육 풍토는 학생들로 하여금 협력과 연대보다는 차별과 배제를 경험하게 할 수 있다는 점에서 학생들 사이에서 나타나는 혐오 방식이 공격적인 것과도 관련이 있을 것이다.

차별과 혐오의 의미를 담은 욕설

너른중학교 2학년 1반에서 공개적인 형태로 나타나는 혐오는 차별과 혐오의 의미를 담은 욕설을 통해 괴롭히려는bullying 대상을 사회적 소수자 집단에 빗대어 놀리고 비하하는 특징을 보였다.

학생들은 다른 학생을 놀리거나 비하할 때, 그 내용에 대해 직접적으로 이야기하는 것보다 사회적 소수자에 빗대어 이야기하는 것이 상대방을 더 모욕하는 것이라 여겼다. 이 경우, 괴롭히고자 하는 바로 그 대상인 표적 집단에 대한 혐오와 욕설의 기원적 대상인 사회적 소수자 집단에 대한 혐오가 동시에 일어난다고 볼 수 있다. 예를 들어, 패드립[24]의 기원적 대상인 사회적 소수자 집단은 '여성'인 반면, 패드립을 통한 혐오 표적 집단은 말싸움 상대나 기분 나쁘게 만들고 싶은 상대이다.

한편 남학생들은 욕설들 중에서도 엄마를 욕하고 비하하는 패드립을 가장 기분 나쁘고 모멸감을 느낀다고 했다. 그런데도 "너희 엄마 창녀"라는 의미를 암시하는 '엠창' 같은 말들을 아무런 거리낌 없이 농담으로 쓰며, 서로의 엄마를 언급하면서 서로를 놀리는 것이다.호야 외, 2018: 155, 167 "느금마"와 같은 패드립은 부모, 그중에서도 특히 엄마를 나쁘게 말하는 욕이기 때문에 학생들에게는 가장 모욕감을 느끼는 표현일 수 있다.

24. '패드립'이란 '패륜적 드립'의 줄임말로 부모님이나 조상과 같은 윗사람을 욕하거나 개그 소재로 삼아 놀릴 때 쓰는 말이다(네이버 오픈사전).

〈표 3〉 너른중학교 2학년 1반에서 사용되는 욕설

괴롭힘의 대상 (혐오표적집단)	욕설의 기원적 대상 (사회적소수자집단)	혐오와 차별의 의미를 담은 욕설
말싸움 상대, 기분 나쁘게 만들고 싶은 사람, 욕설에 대한 맞대응	여성(엄마)	패드립: 느금마, 니 에미[25], 엄마 없다, 차오니마[26], 걸레, 엠창[27]
"터무니"없고 "맥락"없이 "특이"하고 "이상한" 말과 행동을 하는 사람	여성, 엄마, 장애인, 만성질환자	병신, 지랄, 염병, 느금마[28], 미친년, 씨발년
"나대는" 사람	만성질환자	지랄, 염병
애교 부리는 사람	장애인	병신, 병신 짓 하네
마음에 들지 않는 행동을 하는 사람, 상황이 마음에 들지 않을 때	양성(兩性) 부모와 자녀로 구성되지 않은 가족	호로새끼, 부모가 홀수네, 엄마 없다
(온라인게임 등에서) 무능력한 사람	장애인, 여성(엄마)	병신, 손병신, 에미 없냐, 차오니마

25. 연구자: 근데 '너희 어머니' 이게 욕은 아니잖아, 사실.
이진철: 아, 근데 애들이 욕을 하면, 만약에 제가 씨발이라고 하면 상대가 니 에미라고 하고 니 에미가 씨발이다, 이렇게(남녀학생 집단면담).

26. "차오니마"는 온라인게임 중에만 사용되는 욕설로 엄마 혐오의 의미를 담고 있다.

27. 송제우: 아, 엠창. 이거.
연구자: 이게 무슨 뜻이라고 했지?
송제우: 이게 니네 어머니는 창녀라는 뜻이에요. 불과 몇 개월 전에도 쓰이는 말이었어요. 이게 A가 B가 아니면 나 엠창할게 이래요. 즉, A가 B가 아니면 내 부모님이 창녀다. 그만큼 확신이 있다는 뜻이죠. 그리고 정말 뭐 같을 때도 그런 말을 쓰는데 진짜 와, 엠창이다, 이러면 부모님이 창녀라는 뜻은 거의 있을 수 없는 일이고. 우리나라 같은 유교 사회에서는, 뭐 이건 세계 어느 나라에서도 똑같을 거 같기는 한데 좋은 말은 아니잖아요. 그러니까 이거는 도대체 있을 수가 없는 일이다. 이건 말도 안 된다 그럴 때, 와 엠창이다 이런 말을 써요(송제우와의 면담).

28. 뭔가 얘가 행동을 하는데 딱히 트집 잡을 구석은 없고 얼굴도 못생기지 않았으면, 부모님을 끌어들여요. '니네 엄마가 니 이런 식으로 가르쳤냐?'를 다른 말로 뭐 이렇게 좀, 비꼬아서 '느금마' 하고. '어머니 잘 계시니?' '어머니, 된장찌개 잘 끓이시니?' 이런 뜻으로 비하하는 거죠(남녀학생 집단면담).

연구자 그러면 패드립을 쓰는 애들은 무슨 생각으로 그것을 쓰는 거야? 정말 그 아이 부모님을 욕하고 싶어서 그런 거야? 아니면 습관적으로 애들이 쓰니까 그렇게 쓰는 거야?

이진철 맨 처음에는 그냥 말싸움을 하다 보면 욕이 조금 나오고, 그러다보면 말싸움에서 질 것 같을 때 그 아이의 엄마를 끌어오는 거죠.

(이진철과의 면담)

학생들 사이에서 엄마 혐오의 의미를 담은 다양한 욕설이 만들어지고 유포되는 것은 그것이 인신공격의 가장 효과적인 수단이라고 여겨지기 때문이다. "병신"이라는 욕설의 표적 집단이 장애인은 아니지만, "병신"이라는 욕설에 장애인 집단에 대한 차별과 혐오가 내포되어 있는 것처럼, 엄마를 비하하는 욕설 안에도 엄마라는 존재에 대한 비하와 혐오의 인식이 담겨 있다. 이는 젠더 위계를 기준으로 한 여성성에 대한 비하일 수도 있고, 엄마라는 존재의 사회적 지위와 역할에 대한 비하일 수도 있다. 즉, 이러한 혐오 표현을 담은 욕설은 학생들이 '엄마'를 어떤 존재로 인식하고 있는지를 드러내주는 것이다. 또한 엄마 혐오 표현과 여학생들의 외모에 대한 혐오 표현은 언뜻 보면 별개의 것으로 보이지만, 이는 모두 여성을 대상화하고 비하하며 차별하는 표현이라는 점에서 여성혐오에 해당한다.

너른중학교 2학년 1반에서 사용되는 욕설들에는 남성의 성기나 여성의 성기를 빗댄 것들도 많았는데, 같은 의미의 욕이라도 여성을 지칭할 때 더 심한 욕으로 통용되었다. 여성을 대상으로 한 욕인 "미친년", "씨발년"이 남성을 대상으로 한 욕인 "미친놈", "씨발놈"보다 더 세고 강한 혐오를 표현하기 위해 사용되었다.

연구자 그러면 남자애들한텐 미친놈이라고 하는 거랑 미친년이라고 하는 거랑 뭐가 달라?
문성진 미친년이 더 욕 같고, 미친놈은 욕 같지가 않아요.
연구자 욕 같지가 않아? (학생들 웃음)
권민진 미친놈은 뭔가 순화된 표현 같고.
연구자 아, 그래서 미친년이라고 해야 진짜 내가 걔한테 하고 싶은 말이 전달이 된다고 생각하는 거?
권민진 네.
연구자 혹시 이것도 그래? 시발년도?
권민진 어… 네, 비슷한 것 같아요.
연구자 이것도 남자애들한테 쓴다고?
권민진 네. 남자애들한테도 년이라 그래요.
연구자 시발놈보다 이게 더 심한 욕이야?
권민진 그런 것 같아요. 제 생각엔.

(여학생 집단면담)

이와 같은 현상은 남학교인데도 "놈"보다 "년"이라는 욕설이 통상 더 많이 사용되는 문화와도 관련이 있다. 남학생들은 그 이유로 여성비하 욕설이 "입에 더 잘 감겨서"[29], 욕설의 대상인 남학생이 '고추를 달고 있을 자격이 없어서' 등을 들었다.호야 외, 2018: 147 너른중학교 2학년 1반에서도 마찬가지로 남학생들이 욕설의 대상을 여성으로 지정하고 있었는데, 이를 통해 여성이 남성들에게 어떤 존재로 인식되는지, 즉 여성이 얼마나 젠더 위계적으로 대상화되어 있는지를 알 수 있다.

학생들은 다른 학생을 놀리거나 비하할 때 장애인에 빗대어 말하기도 하였는데 "병신"이나 "손병신" 같은 욕이 이에 해당한다. "병신"은 학생들 사이에서 가장 많이 쓰이는 욕으로 "터무니"없고 "맥락"없이 "특이"하고 "이상한" 말과 행동을 하는 사람이나 "무능력"한 사람을 비하하는 데 주로 쓰였다.

홍해서 이상한 행동할 때 이런 병신, 또는 병신이냐? 이래요. 이것도 그냥 다른 욕하고 비슷해요.

연구자 그 이상한 행동이라는 게 구체적으로 어떤 게 있을까?

홍해서 그냥 되게 웃긴 거 있잖아요. 막 애교 부린다든가, 막 그래서 장난치는 건데 그런 거예요.

연구자 장난을 치는 건데.

---

29. 너른중학교 2학년 1반 학생들도 "씨발놈"보다 "씨발년"이라는 말을 더 많이 사용하는 이유로 "씨발년"이라는 말이 "그냥 뭔가 더 찰진" 느낌이고 발음하기 편하기 때문이라고 했다. 그러면서도 대부분의 욕이 남성보다는 여성을 비하하는 경우가 많은 것은 욕설의 대상을 여성으로 지정하는 것이 비하와 혐오의 의미를 좀 더 "세게" 표현하는 것 같고, 상대방에게 더 심한 모욕감을 줄 수 있기 때문이라고 생각했다(남녀학생 집단면담).

홍해서 그냥 장난치는 건데. 보통 친구들한테 할 때, 막 되게 웃기려고 하는 거 있잖아요. 병신아, 병신 짓 하네.

(홍해서와의 면담)

이처럼 학생들 사이에서 가장 흔하게 쓰이는 욕설 중 하나인 "병신"은 괴롭히고자 하는 대상을 표적으로 하는 동시에 장애인에 대한 혐오를 담고 있다.하승우 외, 2013: 81 수전 웬델도 저서 『거부당한 몸』에서 매우 많은 종류의 표현들이 장애인을 모욕하는데 사용되고 있음을 밝혔다. "너 장님이야?", "사지마비야?", "귀머거리야?" 같은 표현들은 비장애인에게 장애가 있다는 것을 모욕적으로 암시함으로써 그 사람을 비하하기 위해 사용된다고 말한다. 특히 "병신"이라는 욕설이 "무능력한" 사람을 비하하고 혐오하는데 사용된다는 것은 장애인에 대한 편견과 고정관념은 물론 장애인에 대한 사회적 무지를 드러내는 것이기도 하다.[30]

"병신" 만큼이나 학생들 사이에서 흔하게 사용되는 욕으로 "지랄"을 들 수 있다. 너른중학교 2학년 1반에서 "지랄"은 "나대는" 사람, "터무니없는" 행동을 하는 사람을 향해 사용되는데, 이 또한 만성질환자에 대한 비하와 혐오의 사회적 내면화가 반영된 것이라 할

30. 수전 웬델은 젊고 장애가 없고 '이상적인 외모'를 갖춘 건강한 성인 남성을 시민의 표준으로 삼은 사회에서 장애인은 철학적 사유를 발전시킬 수 있는 존재이자 새로운 앎의 원천이라고 보았다. 그의 논의에 따르면, 장애인은 결코 무능력한 존재가 아니며 장애인은 비장애인에게는 없는 지식과 앎의 방식을 갖고 있다. 장애인들은 비장애인들에 비하여 몸과 마음에 대한 문화적인 환상들을 더 잘 알아채고 비판할 수 있는 위치에 있으며, 인간의 상호의존성에 대해 이미 많은 지식과 전략을 터득하고 있기 때문이다(수전 웬델, 2013: 6, 138).

수 있다. 이외에도 "호로새끼"와 같은 욕설이 사용되기도 하였다. 이는 "부모가 홀수네"[31], "엄마 없다" 등의 표현과 함께 어떤 사람의 행동이나 어떤 상황이 마음에 들지 않을 때 사용되었는데, 이는 양성兩性 부모와 자녀로 구성되지 않은 가족 형태에 대한 차별과 혐오를 내포하고 있는 말이기도 하다.

> 만약에 상황이 마음에 들지 않는다 그러면 "와, 진짜 엄마 없다." 그래요. 이 상황이, 그러니까 자식이 부모가 없으면 약간 좀 모자라고 못 배운 티가 나잖아요. 그런 것처럼 이런 상황이 매우 잘못되었다는 걸 말할 때 '와, 정말 엄마 없다'라는 표현을 자주 써요.
>
> (남녀학생 집단면담)

학생들 사이에서 "호로새끼"와 같은 말은 그 뜻을 모르면서도 그 말이 막연히 나쁜 의미를 담고 있는 말, 상대방에게 모욕을 주는 말이라고 여겨지기 때문에 사용되고 있었다. 이는 학생들이 쓰는 혐오 표현이 성인들로부터 배우고 모방한 결과라는 가설을 증명한다.

그런데 차별과 혐오의 의미를 담은 욕설이 어떤 점에서 문제인지에 대한 접근은 생각보다 쉽지 않다. 차별과 혐오의 의미를 담은 욕

---

31. 강도후: 엄마가 홀수네. 이런 거.
연구자: 그게 무슨 말이야?
강도후: 엄마래, 부모가 홀수네.
연구자: 음… 그건 너무 가슴 아프다. 만약에 진짜 한부모가족이면….
강도후: 그쵸. 진짜면…(강도후와의 면담).

설은 대상을 얕잡아 보고 경멸하는 태도로 하는 말, 즉 '비속어'로 분류되는 말들로, 이미 오래전부터 쓰여 왔으며 학생들 사이에서 너무 비일비재하게 사용되는 것들이었다. 그래서 교사들도 이를 아름다운 우리말을 오염시키는 정도로 인식하고, 그 말들을 순화하기 위한 캠페인을 하거나 아름다운 우리말 쓰기를 위한 수업을 하는 정도로 대응하는 것이 일반적이었다.톨, 2018

그러나 욕설의 기원적 대상인 사회적 소수자 집단에 대한 차별과 혐오는 간과되어서는 안 되는 문제이다. 장애인에 빗대어 놀리면 상대를 경멸하고 모욕하는 것이라고 여기는 인식 자체가 장애인 차별적인 것이며 여기에는 사회적 소수자 및 약자에 대한 편견과 차별적 인식이 내재되어 있다. 욕설을 통한 괴롭힘의 직접적 대상이 여성이나 장애인이 아니라 하더라도 혐오 표현이 담고 있는 의미는 여성이나 장애인 집단 전체를 향하는 것이기 때문에 결국에는 여성이나 장애인에게 해악을 끼칠 수 있다. 또한 사회적 소수자 집단을 혐오할 의도가 아니었다 하더라도 소수자 집단을 떠올리도록 만드는 혐오 표현은 사회적 소수자 집단에 대한 기존 편견, 차별, 혐오와 무지를 더욱 공고하게 만들 수 있다. 그런데도 차별과 혐오의 의미를 담고 있는 욕설은 그 말에서 본래의 어원적 의미가 많이 탈각되었다는 이유로 문제시 되지 않는 경향이 있으며 이것은 욕설의 문제를 개선하거나 해결하기 어렵게 만드는 요인이 된다.

친한 사이에서 장난으로

너른중학교 2학년 1반에서 공개적인 형태로 나타나는 혐오방식의 또 다른 특징 중 하나는 '친한 사이'에서 '장난으로' 이루어진다는 점이다. 학생들은 다른 학생의 외모나 행동에 대해 놀리거나 비하하는 것이 '친한 사이'에서 이루어지는 일이라고 본다. 예컨대, 살집 있는 몸 때문에 남학생들에게 놀림을 많이 받는 여학생 권민진의 경우, 학급 내 학생들 사이에서 혐오가 발생하는 이유를 "친한 애들이 많아서", "애들이 (자신을) 만만하다고 생각"해서 라고 여긴다. 흥미롭게도 학생들은 친하지 않으면 놀림이나 혐오도 없다고 생각한다.

홍해서 친하지 않으면 보통 외모 평가를 안 하죠.

연구자 친하지 않으면?

홍해서 네. 보통 처음부터 "너 너무 못생긴 거 아니야?" 그러지 않잖아요.

연구자 안 친하면 아예 그런 말을 안 하는 거고?

홍해서 네, 안 친한데 못생겼다 이런 말은 안 하죠. 보통 친하면 친할수록 더 그런 말을 자주하는 것 같아요.

연구자 그런 말이라고 하는 건 외모에 대한 거? 아니면 모든 욕?

홍해서 욕도 살짝 그렇죠. 보통 편해지면 그러니까.

(홍해서와의 면담)

심지어 학생들이 가장 불쾌하게 여기면서 피하고 싶어 하는 혐오 표현인 엄마 비하 표현의 경우에도 '친한 사이'에서 쓰는 말이라고 말한다. 표현의 의미가 모욕적이고 그 강도가 센 경우에도 친한 사이, "편한" 사이라는 이유로 사용한다는 것이다. 따라서 친한 친구에게 혐오의 언어를 듣거나, 친구들이 주도한 혐오 현상의 대상이 되는 경우 학생들은 이를 장난으로, 재미로 하는 것이라고 여겼다. 이는 혐오 표현이 청소년들의 또래 문화이자 재미있는 놀이 문화로 자리 잡고 있음을 밝힌 김애라2017의 논의와도 관련된다. 이처럼 학교 내 혐오가 친한 사이에서 장난이라는 명분 하에 이루어지는 경우가 많다 보니 학생들은 강도가 세고 공격적인 혐오 표현을 듣고도 문제제기를 하기가 쉽지 않다. 전반적으로 장난스러운 분위기에서 그런 말을 하니 주변의 학생들도 그저 재미있는 일로 치부하고 받아들이며 웃고 넘겨버리기 일쑤이다.

더 심각한 것은 혐오 표현이 친구들과의 대화에 끼기 위해서는 필수적으로 요청된다는 것이다. 혐오 표현이 일상화된 또래 문화 속에서 사용을 거부한다는 것은 일종의 튀는 행위로 간주되어 오히려 친구관계에서 배제될 위험을 감수해야 한다. "진지충"이라는 말이 학생들 사이에서 모욕감을 느끼게 하는 말이라는 점을 통해서도 혐오 현상에 대한 진지하고 정당한 문제제기가 학생들 사이에서 실제로 이루어지는 것이 얼마나 어려운지를 짐작할 수 있다. 교실에서 소수자 집단에 속하는 학생들에 대한 혐오 현상이 일어난다 하더라도, 이에 대해 문제제기를 하면 "진지충"이 되어 더 심한 놀림을 당할 수 있기 때문에 학생들은 대부분 "같이 그냥 웃으면서 넘겨"야 한다.

그러나 혐오의 대상이 되는 학생의 입장에서는 아이들이 "장난"으로 하는 말과 행동이 "상처"가 되고 인간존엄성을 침해하는 일이 될 수 있다.

연구자 아, 돼지새끼(라는 말을 친구가 들었을 때 슬퍼했다는 거지?)?

홍해서 솔직히 별로 신경 안 쓰면서 다 신경 쓰이잖아요. 누구나 나한테 못생겼다 그러면 못생긴 게 맞아도 그런 말 들으면 솔직히 상처 받잖아요. 장난이니까 웃으면서 넘겨도. 그래서 걔도 아마… 누구나 자기 비하하는 말 들으면 다들 속상해 하니까. 장난이어도.

(홍해서와의 면담)

교실에서 "돼지새끼"라는 혐오 표현을 들어온 권민진은 더 이상 참기 어려운 순간이 됐을 때 그동안의 감정을 울음과 함께 터트렸다. 인간은 존재감과 자존감을 추구하는 존재이다. 자신의 존재 가치를 스스로 인식하고 타인을 통해 확인하면서 우리는 인간으로서 살아 있음을 느낀다. 그런데 "장난"이라고 하면서 동물화의 방식이나 공격적인 표현을 통해 공개적으로 가해지는 혐오는 인간의 존재감과 자존감을 훼손시키고 인간의 존재 가치를 부정하기 때문에 혐오를 당하는 대상으로 하여금 모욕감을 일으키며 나아가 혐오 주체에 대해 분노나 원한의 감정을 갖도록 만들 수 있다.김찬호, 2014: 61-67

엄연히 혐오의 한 방식임에도 불구하고 "장난"이라며 가볍게 치부되고 혐오 현상에 대한 문제제기가 또 다른 놀림거리가 되는 문화는 학생들 자신이 혐오 현상에 대해 어떻게 느끼는지 스스로 살필

수 있는 기회를 구조적으로 차단하고 이에 대해 적절히 대응하는 것을 어렵게 만든다. 학생들은 자신이 들은 혐오 표현을 "그냥 마음에 담아두거나" 자신이 "못생긴 것을 인정"하기도 한다. 심지어 자신이 혐오를 당하는 상황에서도 같이 동조하여 웃기도 한다. 이러한 문화는 학생들이 혐오를 당하거나 혐오 상황을 목격하고도 이를 회피, 무시, 동조하는 것과 무관하지 않으며 학교 안 혐오 현상이 계속해서 유지되고 재생산되는 결과로 이어질 수 있다.

2) 차별표시의 방식

너른중학교의 일부 교사들은 수업 안팎에서 성별에 대한 고정관념을 마치 성별에 따른 본질로 간주하여 적용하는 모습을 보였다. 교사들은 무거운 짐을 옮겨야 할 때 남학생들에게만 시킨다든지(송제우와의 면담), 남학생에게는 무거운 책상 옮기기, 여학생에게는 상대적으로 가벼운 의자 옮기기를 시키는(여학생 집단면담) 등 학생의 성별에 따라 다른 일을 하도록 했다. 체육시간에 운동장을 돌거나 줄넘기를 할 때도 남학생이 도달해야 할 기준이 여학생에게 요구되는 기준보다 높게 두기도 했다(여학생 집단면담).

> 체육시간에 운동장을 뛰잖아요. 운동장을 뛸 때 선생님들이 겉으로 돌라고 해요. 근데 애들도 힘들잖아요. 그리고 또 하기 싫고 그러니까 가운데 쪽으로 돈단 말이에요.

> 그러면 그걸 쌤이 보고 "니네, 와봐. 니네 왜 똑바로 안 뛰었어. 니네 다시 해!"라고 남자애들한테만 시켜요. 여자애들은 그냥 걸어다니고 가운데 쪽으로 도는 데도 아무 말도 안 해요. 그래서 그것도 좀 너무하지 않나.
>
> (송제우와의 면담)

이는 남성이 여성에 비하여 "당연히" 육체적으로 강하고 힘이 세다는 성별 고정관념을 조장 및 강화시킬 수 있다. 또한 학생들이 성별에 따라 다른 일을 하고 다른 역할을 맡도록 사회화시키는 결과를 낳을 수도 있다.

남학생들은 교사들이 자신들에게 여학생들보다 육체적으로 더 힘든 일을 시키고 더 강인한 체력이나 더 높은 운동능력을 요구하는 것을 "차별"이라고 여겼다. 그런데 여기서 생각해볼 것은 남학생들이 지적하는 것처럼 이러한 현상이 과연 남학생들에 대한 차별이냐는 것이다. 남학생들이 '차별'이라고 지적하는 현상이 실은 육체적 강인함과 건강한 신체에 우월적 가치를 부여하는 우리 사회의 지배적 규범을 기반으로 한다. 이런 점에서 이는 남학생들에 대한 차별로 볼 수 없다. 신체 건강한 남성을 시민의 표준으로 규정할 때 약하다는 이유로 배제되거나 보호라는 명목으로 대상화 되는 것은 오히려 여성이기 때문이다. 너른중학교 여학생들도 이 점을 간파하고 있었다. 여학생들도 남학생들보다 덜 힘든 일, "약한 일, 쉬운 일"을 하는 것을 편하게 여기지 않는다. 자신들의 의사와 상관없이 이루어지는 교사의 일방적 지시가 마치 여학생들의 의견인 것처럼 여겨지는 상황에 대해 여학생들은 불편하다고 말한다. 더욱이 남학생이 육체적으로 힘든 일을 할 때 여학생들은 남학생들에게는 요구하지 않는 "꼼꼼함"을 요구받는다.

문연재 근데 여자애들한테는 그 뭐지? 기록 재는 거 시키고.

홍해서 맞아요. 꼼꼼해야 하는 거니까.

연구자 기록을 재? 무슨 기록?

홍해서 네.

문연재 달리기.

홍해서 달리기 기록 이런 거 선생님 옆에서 재라고 그래요. 근데 그건 티가 안 나잖아요. 그래서 뭔가….

(홍해서, 문연재와의 면담)

너른중학교 학생들의 경험을 통해 드러난 교사에 의한 차별표시는 학생들 간 차이가 성별에 따른 본질적인 특성이자 객관적인 사실인 것처럼 여겨지도록 만든다. 또한 그것이 학교라는 공간에서 교사에 의해 이루어지기 때문에 여성의 몸과 역할이 어떠해야 하는지에 대한 규범을 형성한다. 즉, 힘이 세지 않고 얌전하며 꼼꼼함을 갖춘 여성이 '바람직한' 여성, '여성다운' 여성으로 규정될 가능성이 높다. 반면에 힘이 세고 육체적으로 강하며 활동적인 남성이 '바람직'하고 '정상적'인 남성으로 규정된다. 이처럼 학교는 '여성성'과 '남성성'에 대한 이미지와 규칙을 충실히 학습시키는 곳으로 기능하고 있음을 알 수 있다.호야 외, 2018: 86

4. 혐오에 대응하는 방식: 소극적일 수밖에 없는

학생들은 혐오를 당하는 상황에서 각자 처한 상황, 교실과 학교의 맥락에 따라 소극적으로 대응하기도 하고 적극적으로 대응하기도 한다. 학생들은 혐오 상황의 문제를 해결하려고 하지 않고 무시하거나 회피하며 또는 동조하는 등 소극적으로 대응한다. 그러나 다른 한편으로는 혐오의 상황에 직면하면 도움을 요청하거나 연대하고 거부하며 맞대응하는 등 적극적으로 대응하기도 한다.

1) 소극적인 대응

혐오 상황에 대한 무시와 회피

학생들은 혐오의 대상이 될 때, 주로 그 상황을 회피하거나 무시하는 방식으로 대응한다. 같은 혐오의 상황이라도 문제 상황을 단지 무시하는 경우와 마지못해 회피하는 것에는 차이가 있다. 혐오의 상황에서 바로 대응하지 않고 무시하는 이유는 문제가 있음을 알지만 굳이 당장 해결하지 않아도 신체적·정신적인 피해가 크지 않고 감

당할 수 있다고 생각하기 때문이다.

면담에서 홍해서는 자신의 외모에 대하여 해골 같다는 말을 듣고도 그냥 넘어갔다고 했다. 해서의 성격이 밝고 긍정적인 점을 감안하더라도 이런 반응은 혐오에 대하여 거부하거나 맞대응하지 않고 상황을 무시하는 것으로 보인다.

연구자 해서는 이런 말(해골 같다는 말) 들으면 뭐라고 해?

홍해서 그냥 넘어가는데. 그냥 재는 저러려니.

연구자 되받아치거나 이러지는 않아?

홍해서 보통 안 그랬던 거 같아요. 그냥 갑자기 "야, 너 너무 말랐어. 너무 해골 같아." 라고 하니까, 그냥 하는 말이라서 별로 그렇게 신경 안 써요.

(홍해서와의 면담)

앞서 서술한 것처럼 학생들은 얼굴을 혐오하는 표현인 '얼굴 빻았냐'라는 말도 서로 거리낌 없이 사용하고 있었다. 이 말은 학급에서 혐오 대상이 되는 학생에게뿐만 아니라 친한 사이에서도 많이 사용되었다. 그렇지만 싸움이 나거나 사이가 나빠지지는 않는다고 한다. 서로가 자신의 얼굴에 대하여 못생긴 것을 인정한다고 말하며 혐오의 상황을 무시하고 있는 것이다.

연구자 근데 여학생이 남학생한테도 그렇게 많이 해?

송제우 많이 해요.

홍해서 네.

송제우 이쪽도 이제 인정하다시피.

연구자 그런 말을 같은 반 친구들끼리도 막 해?

송제우 네.

홍해서 네, 엄청 많이 해요.

연구자 싸움 안 나?

송제우·홍해서 싸움 안 나요.

송제우 서로서로 그러기 때문에.

홍해서 애들 다 인정해요, 못생긴 거.

(남녀학생 집단면담)

연재는 여학생의 화장에 대해 '얼굴에 그림 그린다'고 한 준호의 말에 대해 별로 신경 쓰지 않는다고 했다. '내가 좋아서 하는 건데 왜 지들이 저러지' 생각하면서 크게 신경 쓰지 않는다고 했다. 학생들은 그런 말을 들을 때 기분이 좋지는 않지만 서로 그런 말을 늘 사용하고 있으며, 또 진지하게 반응하면 또 다른 놀림의 대상이 되기 때문에 그것에 신경 안 쓰는 방법, 즉 무시하는 것으로 반응한다.

문연재 제가 화장을 하고 있었는데요. 갑자기 애들 몇 명, 한 세 명이 몰려와서는, 문연재 얼굴에 그림 그린다~

홍해서 아, 그거 박준호야, 박준호.

문연재 박준호야 그거? 박준호가 막 그랬어요.

연구자 그때 연재 기분이 어땠어?

문연재 아, 그래서 제가 내가 또 그림을 잘 그리지, 그랬어요.

연구자 어디에 그리고 있었는데? 입술?

문연재 아니, 섀도우도 하고 여러 가지 하다 보니까. (웃음)

연구자 그렇게, 화장하는 것에 대해서 남학생들이 뭐라고 하면 화장 안 하고 싶다 이런 생각 안 드니? 아니면 뭐 상관없어, 이러나?

문연재 별로 신경 안 써요.

홍해서 별로 상관없어요. 나는 내가 좋아서 하는 건데 왜 지들이 저러지? (웃음)

문연재 아, 맞아. 나도 그런 생각을 해. 내가 화장 안 하는 것보단 낫잖아 이렇게.

홍해서 나는 누구에게 잘 보이려고 하는 게 아니라 내가 좋아서 하는 건데 지들이 왜 난리야, 그런 느낌?

(문연재, 홍해서와의 면담)

마찬가지로 남학생들이 모여서 '섹스'에 대해서 얘기할 때 여학생들은 그냥 웃어넘기는 것으로 대응한다. 못 들은 척하는 학생들도 있지만 대개는 듣고서도 별다른 대응을 하지 않고 웃어넘기는 것으로 반응하는 것이다.

연구자 그런 말들을 그냥 남자애들끼리 모여서 한다는 거지?

유경준 네.

연구자 근데 그렇게 말하고 있으면 여자애들이 들을 수도 있잖아.

유경준 네.

임승윤 근데 개네들이 모르는 게 아니어서.

유경준 개네도 같이 웃죠. 모르는 게 아니니까.

연구자 아, 그 단어가 나오면.

유경준 네.

연구자 그냥 옆에서 듣고?

유경준 네. 안 들은 척하는 애들도 있고 듣는 애들도 있고.

(남학생 집단면담)

여학생들은 남학생들이 섹드립을 하는 것에 대해 '재네들 왜 저럴까', '안 했으면 좋겠다'고 생각하면서도 실제로는 상관하지 않고 개입하지 않는다고 했다. 남자애들은 원래 그러니까 그냥 무시하는 것이 좋다고 생각하는 것으로 보인다. '자기들끼리 있을 때만 하지'라는 말로 무시하고 못 본 척한다고도 했다.

연구자 그런 말 들으면 너네들은 어떤 느낌이 들어?

홍해서 그냥 무시하죠.

연구자 아니, 느낌.

홍해서 느낌 별로 없는데? 재네들이 또 저러는구나. 별로.

문연재 아 재네들 더럽구나. (살짝 웃으며)

연구자 더럽구나.

홍해서 저걸 뭐 자랑이라고 할까. 저런 거를 애들한테.

연구자 이해가 돼?

홍해서 근데 남자애들끼리는 좋아서 하는 것 같아요. 왜 하는지 모르겠어요.

연구자 애들이 그런 말 하거나 행동할 때 개입하기도 해? 야, 니네 그런 거 하지 마 그렇게.

홍해서 별로 개입 안 해요.

연구자 개입 안 해? 그냥 못 본 척해?

(문연재, 홍해서와의 면담)

온라인게임을 하면서 상대가 욕을 할 때에도 학생들은 맞대응을 하기 보다는 무시하고 게임에서 나가버리곤 한다. 면담에서 강도후는 그럴 때(상대가 욕할 때) 어느 정도의 불이익(계정정지 등)을 감수하더라도 대응하지 않고 게임에서 나가버린다고 했다.

학생들은 문제의 상황을 인지하고 있으며 나에게 닥칠 신체적·정신적 피해가 예상되기는 하지만 당장 내가 그 문제를 해결하기 어려울 때는 회피의 반응을 보였다.

자신이 겪은 일을 그린 이진철의 만화를 보면, A와 B가 놀고 있는데 C가 나타나 B에게 A와 놀지 말라고 말한다. B가 가버리고 A는 나무 밑에 쓸쓸히 앉아 있다. 이 상황에 대해 진철이에게 A가 무슨 생각을 하고 있는지 물었다. 처음에는 복수한다고 말했지만, 재차 묻자 그냥 마음에 담아 둔다고 답했다.

〈그림 2〉 집단면담 '이야기 만들기'에서 그린 이진철의 만화

이진철 어쩌다 한 번 일어나는데 A랑 놀고 있을 때, C가 말을, 그냥 가끔씩 할 때가 있는데 B가 그냥 가는 경우가 있고, 아니면 C의 말을 그냥 무시하고 A랑 같이 그냥 재밌게 노는 경우가 있어요. 근데 웬만한 애들은 그냥 다 재밌게 놀아요.

연구자 그래. 그런데 여기서 A가 복수한다고 그러잖아. 어떤 복수를, 어떻게 할 거라고 생각해? 실제로 어떻게 했나?

이진철 그냥 마음에 담아두는 거 같아요.

연구자 그러면 나중에 똑같이 그렇게 행동해? 아니면 뭔가 다른 신체적으로 폭력을 행사하나?

이진철 그러진 않을 것 같아요. 얘가 그래도 좀 착한 애라서.

연구자 착한 애라고?

이진철 네.

(이진철과의 면담)

민진이 또한 남학생들이 자신의 외모에 대해 얼굴이 크다거나 뚱뚱하다는 등의 신체적인 부분을 말할 때 별 감흥 없이 그냥 넘어간다고 했다. '그냥 또 그런가 보다' 하고 넘긴다는 것이다. 그런데 민진이의 말과 달리 아이들과의 다른 면담 내용을 살펴보면, 실제로 민진이는 남학생들의 이런 표현에 속상해하고 괴로워 울기까지 했다고 했다.

권민진 그런 말 들어도, 오히려 그런 말들을 이제 하도 많이 들으니까. 저는 어릴 때부터 한 번도 날씬해본 적이 없거든요. 먹는 걸 좋아해서. 그래서 그런 말해도 '아, 또 놀리나 보다.' 이러고. 아, 근데 오히려 패드립이나 그런 말 들었을 때 오히려 기분이 나빠요.

연구자 맞아, 기분 나쁘지.

권민진 신체적인 거 말했을 때는 그냥 이제 '아, 그런가 보다.' 하고 넘어가는 것 같아요.

연구자 남자애들이 평소 장난으로 많이 하는구나. 외모에 대해서.

권민진 네.

(권민진과의 면담)

학생들은 외모 때문에 남학생들한테 놀림을 당한다면 슬프고 기분이 나쁠 것이라고 하면서도 교사에게는 말하지 않을 거라고 했다. 그랬다가 남학생들이 더 괴롭힐까 봐 두려워했다.

연구자 내가 동그라미면 어떨 거 같아?

유경준 슬프죠.

연구자 슬프지. 준호는?

박준호 저도 당연히 기분 나쁘죠.

임승윤 저도 둘이랑 똑같은 생각.

연구자 똑같이 생각해? 그럼 어떻게 할 거 같아? 내가 동그라미면. 동그라미는 막 울었어. (중략)

임승윤 저는 그냥 가만히 있을 거 같아요.

연구자 가만히 있을 거 같아? 준호는?

박준호 저는 선생님한테.

연구자 말할 거 같아?

박준호 네.

연구자 근데 승윤이는 왜 가만히 있을 거 같아? 기분 나쁜데.

임승윤 굳이 쌤한테 말했다가 걔들이 저를 더 심하게 괴롭히면 그게 더 힘드니까.

(남학생 집단면담)

학생들이 혐오의 대상이 되었을 때 그 상황을 무시하거나 회피하는 것은 상처를 입지 않았거나 그 상황이 대수롭지 않아서가 아니다. 혐오의 상황을 정식으로 문제시했을 때 오히려 더 힘든 일이 생길까봐 두려워하는 마음이 혐오 상황을 무시 또는 회피하게 만드는 것이다.

혐오 상황에 대한 동조

학생들이 혐오의 상황에 대응하는 방식으로 동조하는 경우가 있다. 동조는 혐오의 상황에 함께 참여하는 것처럼 보인다는 점에서 회피·무시와는 다르다.

학생들이 혐오의 상황에 동조하는 방식은 크게 두 가지로 나눌 수 있다. 첫째는 혐오의 대상이 되는 학생(피해자)이 혐오 상황에 동조하는 것과, 둘째는 주변의 학생들(목격자 혹은 방관자)이 혐오 상황에 동조하는 것이다.

교실에서 일어날 수 있는 가상의 혐오 상황에 대해 집단면담에 참여한 학생들은 혐오의 대상이 된 상황에서 혼자만 진지하게 문제를 제기하는 것에 대한 부담 때문에 그냥 웃어넘긴다고 말했다. 면담에서 연재는 진지하게 행동하지 않고 웃는 것이 '기분이 안 좋은 상황이 아니다'라고 말함으로써 학생들이 혐오의 상황에서 왜 적극적으로 거부의 의사를 밝히지 않고 동조하는지 이해할 수 있게 해준다. 학생들은 학급에서 누군가를 혐오하는 것이 문제라고 인식하지만, 이를 해결하기 위해 문제를 제기하거나 행동으로 나서기 보다는 함께 동조하는 것에서 모종의 쾌감을 느끼고 있는 것으로 보인다. 경쟁 문화와 학업 스트레스에 지친 학생들이 누군가를 대상으로 혐오하는 것에서 재미, 즐거움, 스트레스 해소의 수단으로 삼는다는 것을 알 수 있다.

〈표 4〉 집단토론 질문지(2018.06.25.)

5교시 수업이 끝나갈 즈음, 선생님이 오늘 수업은 이것으로 끝났다고 말씀하시며, 다음 시간에 준비해야 할 것들에 관해 안내를 하고 계셨습니다. 그때 우리 모둠의 지우가 서진이의 짝꿍인 효주에게 웃으면서 작은 목소리로 이렇게 말했습니다.

"효주야, 서진이가 노래 부르면 그걸 뭐라고 하는지 알아?'

효주는 궁금하다는 표정으로 웃으며 지우를 바라보았습니다. 서진이는 자기 이야기를 한다는 걸 얼핏 알면서도 못 들은 척 앉아 있었습니다. 그러자 지우가 엄청 재미있다는 듯이 웃으며 말했습니다.

"돼지 멱따는 소리!'

그 말을 듣고 모둠 학생들은 모두 웃긴다는 듯이 웃었습니다. 서진이도 같이 따라 웃었습니다. 분위기가 소란스러워지자 선생님이 그 모둠을 향해 눈길을 주었습니다. 그러자 모두들 아무 일 없다는 듯 웃음을 참았습니다. 쉬는 시간을 알리는 종이 울렸습니다. 선생님이 교실을 나가자 교실은 시끌벅적해졌습니다.

문연재 네, 저는 그냥 웃어요.

강도후 우와, 박수! 우와, 간단해.

문연재 친구들이 다 웃고 넘어가는데 혼자 진지하게, 하지 말라고 얘기하기가 힘들 것 같아서 그냥 넘어갈 것 같아요. 제가 만약 서진이었다면 기분은 안 좋지만 그냥 웃을 것 같아요.

연구자 말과 행동하지 않고.

문연재 그냥 웃는 거죠.

홍해서 야, 너무 슬프잖아.

연구자 근데 질문! 기분 안 좋은데도 웃으면 다음에 애들이 또 그럴 거 아니야?

문연재 근데 기분이 별로 안 좋지가 않던데요.

(남녀학생 집단면담)

자신이 겪은 일을 표현한 연재의 만화에서는 연재와 주변의 친구들이 함께 '크크크크' 하고 웃고 있는 것을 볼 수 있다. 여학생의 화장에 대한 혐오 표현에 대해 세 명의 학생들이 'ㅋㅋㅋ' 웃는 것으로 동조하고 있다. 그런데 이후에 그러한 표현에 대해 듣고 나니 기분이 나빠졌으며 그것이 자신들을 혐오한 것이라는 것을 깨닫게 되었다고 했다. 이 경우는 혐오의 대상인 연재와 친구들(방관자)이 함께 혐오의 상황에 동조하고 있는 모습이다.

문연재 이 세 명은 그냥 반 친구를 보고 있는 애들.

연구자 단체로? 보고 있는 애들?

문연재 네.

연구자 그러면 옆에서 크크크 웃는 사람은 누구야?

문연재 아, 저도 그 말 듣고 웃겨서.

연구자 아, 진짜?

문연재 (살짝 웃으면서) 네. 너무 웃겨서 웃긴 웃었는데, 듣고 보니까 기분이 별로라.

연구자 아, 듣고 나니까?

문연재 네.

연구자 듣고 나니까 왜 기분이 별로였을까?

문연재 듣고 나니까, 이기수도 그렇고, 얘 김정진도 그렇고.

연구자 김정진.

문연재 둘 다. 별로 잘생긴 것 같지도 않고 (웃음) 그래가지고.

(문연재와의 면담)

〈그림 3〉 집단면담 '이야기 만들기'에서 그린 문연재의 만화

혐오의 상황에서 학생들은 문제를 해결하거나 적극적으로 대응하지 않고 웃어넘긴다고 이야기했다. 갑자기 진지하게 반응하면 '진지충'이라고 또 다른 놀림을 당하기 때문에 학생들은 웬만한 상황에서는 나서지 않고 함께 웃어넘기는 것으로 동조하는 것으로 보인다. 학생들은 스스로를 '방관자'라고 말함으로써 당시 상황에서 결과적으로 혐오에 동조하였음을 시인하고 있다.

연구자 근데 기분이 안 좋은데 그냥 웃으면서 넘어간 적 많아?

문연재 많이는 없어요.

홍해서 애들도 많을 걸요.

연구자 기분 안 좋지만.

홍해서 거기서 갑자기 진지하면 진지충이라고 그러고.

강도후 아, 맞다.

문연재 맞아 맞아 맞아.

송제우 그리고 또 안 하면 나중에 쌤이 왜 안 말렸냐고 뭐라고 하고. 떠들면 그러잖아.

강도후 맞아, 우린 방관자야.

송제우 괜히 막 혼자, 혼자 애들아 조용히! 그러면 애들이 막 진지충 이러고. 그러고 나서 수업 분위기 하 받으면 니네 왜 안 말렸어, 이러고. 참 애매한 위치죠.

연구자 아, 진지충이 싫구나.

(남녀학생 집단면담)

학생들은 혐오의 상황에 함께 동조하여 '방관자'가 되는 것이 또 다른 형태의 '가해자'가 된다는 것을 인지하고 있었다. 하지만 그렇게 하지 않을 경우 자신 또한 혐오의 대상이 될 것이란 두려움 때문에 그렇게 행동하는 것으로 보인다.

2) 적극적인 대응

혐오 표현에 대한 거부

혐오에 적극적으로 대응하는 것으로 혐오 상황을 거부하는 방식이 있다. 학급에서 외모 때문에 놀림을 당하는 민진이는 자신에게 돼지새끼라고 말하는 승윤이를 향해 처음에는 장난으로 받아들이다가 하지 말라고 말하고 있다. 민진이는 겉으로는 아무 일 아닌 듯 받아들이고 있지만 사실은 상처를 많이 받는다. 민진이가 겪는 상황에 대해 친구인 해서는, 민진이가 어느 정도까지는 태연한 척하면서 넘어가지만, 그런 상황이 반복되면 속상해하고 짜증을 내며 화를 내기도 한다고 말하고 있다(홍해서와의 면담).

학생들 간에 서로 놀리거나 혐오하는 상황에서 종일 말을 하지 않는 방식으로 거부 의사를 표현하고, 결과적으로 사과를 받아내는 경우도 있다.

연구자 근데 이런 말 들으면 어떨 땐 넘어가지만 어떨 땐 기분 나쁠 때도 있잖아. 그러면 어떻게 얘기해? 나 기분 나쁘다고?

문연재 그러면 고개를 돌리고, 하루 종일 말을 안 걸어요. 그러면 걔가 알아서 사과해요.

연구자 진짜? 뭐라고? 미안하다고?

문연재 아, 내가 잘못했잖아, 이러면서.

(문연재와의 면담)

집단토론에서 해서는 처음에는 그냥 웃으면서 '너 애한테 왜 그래?'라는 정도로 대응하다가, 그런 일이 그치지 않고 계속 이어지면 기분이 나빠져서 하지 말라고 하면서 거부 의사를 분명히 밝힌다고 말했다. 해서는 그것을 '도덕적인 삶'으로 인식하고 있다.

홍해서 저는요, 처음에는 같이 웃다가 너무 선을 넘으면 그냥 하지 말라고 그럴 거예요. '너 애한테 왜 그래?' 살짝 장난으로 하는 게 있거든요. 그렇게 할 거예요.

연구자 어떻게 하는지 한번 해봐.

홍해서 아이, 너무 어색해요. 그리고 왜 그렇게 했냐면 처음에는 장난이니까 장난으로 받는데 계속 하면 기분이 나쁘잖아요. 그러니까 그렇게 말할 것 같아요. 제가 서진이라면 속상할 것 같아요. 그래서 하지 말라고 할 것 같아요. 어느 정도 선을 넘으면. 도덕적인 삶을 추구하는 멋진 모습.

(남녀학생 집단면담)

혐오를 당하는 상황에서 거부를 표현하는 사례는 무시하거나 회피하는 사례에 비해 상대적으로 적게 나타나고 오히려 직접 맞대응하는 경우보다 적다는 것을 알 수 있다. 혐오 상황에 직면하여 학생들은 소극적으로 무시하거나 회피하는 쪽으로 주로 대응하다가 정도가 심해지고 참지 못하게 되면 맞대응을 했다. 즉, 혐오 상황에서 정식으로 혐오 표현을 중지하라고 요청하거나 거부하는 것은 학생들에게 익숙한 방식이 아니다. 오히려 또 다른 혐오로 대응하거나 폭력으로 이어지는 방식이 학생들에게는 더 익숙한 듯했다.

또 다른 폭력으로 맞대응하기

연구에 참여한 학생들은 혐오의 상황을 거부하는데 그치지 않고 적극적으로 맞대응하기도 한다. 이때 혐오를 한 상대에 대하여 같은 방식으로 대응하거나 언어적·신체적인 다툼이 일어나기도 한다. 송제우는 친구들이 자신에게 병신이라고 욕하면 상대의 약점을 찾아 맞대응한다고 말했다. 상대의 약점은 공부, 성격, 숨기고 싶은 흑역사 등이 포함된다.

연구자 그러면 나한테 욕한 친구의 약점을 찾을 때 어떤 약점을 찾아? 지금 예를 든 건 공부에 관한 거였는데, 이것 말고 또 찾게 되는 약점이 있어?

송제우 일단 외모적인 거는 절대 찾지 않아요. 그거는 언제든지 바뀔 수 있기 때문에. 그래서 약간 좀 내면적이라든가. 성격은 바뀌기 진짜 힘들어요, 해봐서 아는

데. 진짜 안 돼요. 진짜 안 되더라고요.

연구자 아까 그 영어 점수 그거는 공부였고. 공부도 바뀔 수 없다고 생각하는 거야?

송제우 습관이잖아요, 공부는. 솔직히 얼굴 같은 거는 그냥 몇 억 딱 주면 병원에서 바로 바꿔주는데, 정신병원에다가 1억 딱 준다고 성격이 바뀌거나 그러진 않잖아요.

연구자 그리고 공부랑 성격이랑 또 뭐가 있을까? 그렇게 찾는 약점이.

송제우 아니면 약간 절대 불변의 역사. 흑역사를 찾죠. 그 친구의 흑역사. 약간 좀 친하면 친할수록 흑역사를 많이 찾을 수 있죠. 근데 뭐 안 친하면 그냥 그 두 개에서 끝나는 거고.

(송제우와의 면담)

키가 작다고 놀림을 당하는 상황에서 진철이는 친구의 다른 약점을 찾아내어 대응한다고 말했다. 공부를 못하는 친구가 놀리면 '머리만 크지 든 게 없냐'고 말하며 대응하는 식이다. '난 작아도 (공부) 잘하는데 왜 넌 못하냐'며 되돌려주고 있는 것이다.

연구자 예를 들어, 어떻게 놀려? 지환이를 예로 들어볼까? 진철이가 지환이 역할을 하고 선생님이 하율이 역을 해볼게. 야, 지환아. 넌 왜 그렇게 키가 작냐?

이진철 그러면 키는 작아도 나 공부 잘하는데 이러면서, 키 작아도 공부 잘하는데 넌 왜 못하냐? 이렇게 같이 놀려요.

연구자 상대방한테 공부 못한다고 놀린다고?

이진철 네. 난 작아도 잘하는데 왜 넌 못하냐.

(이진철과의 면담)

개별면담에서 홍해서는 자신의 외모에 대해 '얼굴 빻았냐?'란 혐오 표현을 들었을 때 처음에는 무시하다가 '니 거울이나 봐'라고 대응한다고 말했다. 홍해서는 스스로 자신이 못생겼다고 생각하기는 하지만 그런 표현을 듣는 것에 대해 참지 않고 맞대응하고 있었다.

혐오의 상황에서 적극적으로 맞대응하는 가장 일반적인 방식은 같이 욕을 하는 것이었다. 면담에서 송제우는 그런 상황에서 친절하게 그만하라고 말하면 친구들과의 기 싸움에서 밀린다거나 만만하게 보일 수 있다고 생각했다. 그렇게 되면 '애들을 컨트롤할 수 없다'고 말하면서 '되로 주고 말로 받는다'는 생각으로 같이 욕을 하거나 더 심한 말로 돌려준다고 말했다. 이렇게 학생들 간의 혐오 표현은 또 다른 혐오를 낳게 되고 확대·재생산되는 악순환의 고리가 될 수 있다.

송제우 저도 필요하다고 생각하는데, 왜냐하면 만약에 제가 친절하게 그만해 하면 애들이 제가 그 상황을 약간 좀 못 당하는, 그러니까 제가 좀 밀리고 있는 줄 알아요.

연구자 기 싸움에 밀린다?

송제우 네. 기 싸움에 밀리고 있고, 그리고 내가 얘네를 컨트롤할 수 없다고 생각하거든요, 제 입장에서는. 그리고 두 번째 이유는 되로 주고 말로 받는다는 말처럼 이제 되로 받았으니까 저는 말로 줘야죠. 안 그러면 애들이 그냥 만만하게 봐요. 다 똑같은 의견인데 그냥 만만하게 봐요. 그래서 네가 뭔데? 네가 어떻게 할 수 있겠어? 하면서 속으로 그 얘기를 하고 돼지 멱따는 소리에서 이제 뭐 더 나가고.

연구자 더 심하게.

송제우 네, 더 심하게. 더 심한 말은 아직 생각이 안 나는데. 별의별 것 다 나와요. 그래서 저는 매우 필요하다고 생각해요.

(송제우와의 면담)

강도후는 오버워치라는 게임을 하다가 다른 팀원 C가 짜증을 내고 욕을 해서 똑같이 욕으로 대응했다고 이야기했다. 실제로 남학생들은 온라인게임을 통해 욕설, 섹드립, 폭력 등에 노출되는 경우가 많았다. 최근 온라인게임의 특징은 혼자하기 보다는 여럿이 함께 하는 게 많다고 한다. 그러다보니 실력의 차이로 승패가 갈리게 되면 같은 팀원들끼리 혹은 다른 팀원들과 단순한 놀림에서 시작해 언쟁과 욕설로 이어지고, 심한 경우 실제 폭력으로 이어지기도 한다는

〈그림 4〉 집단면담 '이야기 만들기'에서 그린 강도후의 만화

것이다. 온라인게임에서의 싸움이 실제 싸움으로 이어지는 경우를 '현피'라고 부른다.

강도후　이거는요, A랑 B랑 같이 오버워치라는 게임을 하고, 게임이 안 풀린다고 다른 팀원 C가 짜증을 냈어요. 그러다가 결국에는 C가 욕을 했어요.

연구자　뭐라고 욕했어? 씨발 이런 거?

강도후　네.

연구자　씨발 그 다음에는 뭐야?

강도후　좆나 못해.

연구자　그랬더니?

강도후 A랑 B가 화가 나서 똑같이 욕했어요.

(강도후와의 면담)

권민진은 '뚱뚱하다', '돼지새끼'라고 놀림을 당해서 울기도 했지만, 이후에는 '그래, 나 돼지야'라고 하거나 '지방만 있는 것보다 근육도 같이 있는 게 좋지'라고 하면서 적극적으로 대응한 경험을 들려줬다. 민진이에게 그런 놀림이 매우 큰 상처가 된 것은 사실이지만 사실은 사실대로 인정하는 것으로 대응하면서 놀리는 친구들에게 그런 놀림이 자신에게 상처가 되지 않는다는 것을 보여주고 있다. 이런 방식으로 민진이에 대한 놀림이 멈췄는지는 확인할 수 없지만, 상황을 회피하거나 무시하는 것이 아니라 적극적으로 대응하는 방식 가운데 하나라는 점에서 주목할 필요가 있다.

연구자 민진이한테 궁금한 게 있는데, 애들이 많이 놀리잖아.

권민진 네.

연구자 그럴 때 기분이 어때?

권민진 그냥 그냥. 이제 저한테 그런 말 하는 애들도 다 뚱뚱한 애들이거든요. 그런데 임승윤 같은 애들이 저한테 갑자기 수업시간에, 수업 때 게임을 하는데 제가 그걸 못했어요. 그랬더니 '야, 이 돼지새끼~야.' 하면서 '그것도 못하냐?' 이러는 거예요. 그래서 제가 그것 때문에 살짝 운 적이 있는데, 그 다음에 유지환한테 또 그런 말을 들었을 때는 이제 저런 말 듣는 것도 귀찮은 거예요 그래서 '그래, 나 돼지야.' 이랬는데, 그 다음에 또 와서는 '멧돼지'라고 그러는 거예요. 그래서 제가 '그래, 지방만 있는 것보단 근육도 같이 있는 게 좋지.' 이랬어요.

(권민진과의 면담)

서로 공감하고 힘을 주는 연대

학생들은 비슷한 혐오를 당하는 학생들끼리 함께 연대하기도 한다. 연구 참여 학급에서는 남학생들로부터 외모에 대한 혐오 표현을 듣고, 혐오의 대상이 되었던 여학생을 위해 다른 여학생들이 연대하는 모습을 관찰할 수 있었다. 혐오를 당하는 여학생들이 함께 연대하여 남학생들에게 대응한다는 점에서 개인 차원의 대응인 맞대응과는 차별성을 갖는다.

홍해서 (민진이랑) 같이 욕해줬어요. 저희 반 여자애들도 같이 옆에서 욕해줬어요.

연구자 임승윤한테 직접 가서 얘기하지는 않고?

홍해서 일명 뒷담. 막 이렇게 개는 지 얼굴도 안 보나? 지 거울이나 가서 보라 하라고. 미친 새끼 아니냐고 누가 그 따위로 말을 하냐고. 그런 애 말은 귀담아 듣지 말라고, 필요 없는 애라고 막 그렇게 같이 욕을 해줬어요.

(홍해서와의 면담)

여학생들은 남학생들이 화장에 대해서 놀리거나 민진이에게 뚱뚱하다고 놀릴 때 혐오를 당하는 여학생에게 공감하고 혐오를 표현한 남학생에 대해 비난의 말을 하면서 연대하고 있었다. 문성진은 남학생들이 혐오 표현을 할 때 대놓고 앞에서 욕을 하거나 민진을 옹호하는 발언을 한다고 말했다. "민진이가 어딜 봐서 그래?"라든가 "야, 너를 봐." 등으로 대응하여 민진이의 편을 들어준다는 것이다.

연구자 화장하는 것에 대해서 어떤 남학생이 이렇게 막 놀리거나 또는 민진이한테 뚱뚱하다고 말할 때 주변에 있는 여학생들은 어떻게 하는지도 궁금해.

문성진 그니까. 뭐

연구자 같이 도와줄 수도 있고, 아니면 모른 척할 수도 있고, 아니면 뒤에 가서 같이 막 뒷담화할 수도 있고.

문성진 저는 대놓고 앞에서 욕해요.

연구자 욕해?

권민진 맞아요. 도와줘요. 이렇게요. 만약에 제가 저 말 들었을 때 여자애들이 옆에 있으면 '야, 민진이가 어딜 봐서 그래. 민진이 이쁘게 생겼잖아.' 이런 말도 해주고 '야 너를 봐.' 이런 말도 해주고.

연구자 거울 봐, 이런 거?

권민진 네. 그런 말도 해줘요.

(여학생 집단면담)

여학생들의 연대가 남학생들의 혐오 표현에 영향을 주는 사례도 발견된다. 면담에서 남학생들은 '느금마'와 같은 상대적으로 센 표현은 주로 남자들에게만 사용한다고 했다. 승윤이는 그 이유를 여학생들이 단체로 '뒷담'을 하기 때문이라고 했다. 그래서 남학생들은 그처럼 센 표현을 여학생들에게 하는 데는 주저하고 있었다. 비록 혐오 표현을 들은 여학생들이 남학생들에게 직접적으로 거부 의사를 표현하지는 못하지만, 여학생들 간 특정 혐오 표현에 대한 집단적 거부 분위기가 형성된다는 것을 남학생들은 알고 있었다. 이 때문에 남학생들은 행동과 발화에 조심하는 태도를 보였다. 여학생들의 연대가 남학생들의 행동과 말을 자제하도록 영향을 미치는 것이다.

혐오 표현에 대한 이와 같은 연대는 여학생들에게서 주로 나타나는데, 이는 상대적으로 권력관계에서 소수자의 위치에 있는 여학생들이 협력하여 남학생들에게 대응하는 것으로 볼 수 있다.

사회적 소수자이자, 학급 내에서 외모 관련 혐오 표현의 주요 대상이 되는 여학생들이 혐오 현상에 대한 나름의 해석을 하고, 서로 협력하며, 혐오의 주요 주체인 일부 남학생들에게 일정 정도의 영향력을 행사한다는 것은 학교 안 혐오 현상을 극복하는 데 하나의 실마리가 될 수 있다. 학생들 사이에서 혐오 표현과 혐오 현상은 친한 관계에서 장난스럽게 일어나는 경우가 많아 혐오로 인한 부정적인 감정을 겉으로 드러내는 것은 쉬운 일이 아니다. 그리고 혐오 현상에 대한 개별적인 대응은 그 영향력이 크지 않은 경우도 많다. 연구 참여 학급에서 발견된 여학생들 간 연대는 혐오 현상에 대한 거부 의사를 드러내는 적극적인 대응이라는 점에서 그리고 개별적 대응이 아니라 소수자 학생들이 협력하여 대응한다는 점에서 의미를 갖는다.

혐오 상황에 대한 도움 요청

연구 참여 학생들이 혐오를 당하는 상황에서 자신들의 힘으로 문제해결이 안 된다고 판단될 때 교사에게 도움을 요청하기도 했다. 학교 혹은 학급의 혐오 상황을 교사가 적극적으로 나서서 조정하고 중재해야 하지만, 안타깝게도 구조적으로 교사의 그러한 역할이 제한될 수밖에 없는 요인이 존재하는 것도 사실이다. 중등학교에서는 교사가 조회와 종례, 교과 담당 시간에만 학생들을 만나기 때문에 학생 생활 전반을 잘 알 수 없는 한계가 있다. 뿐만 아니라 '학교폭력종합대책'과 같은 정책이 실시된 이후, 학교폭력을 비롯한 학교에서 일어나는 일련의 문제와 사건들에 대해 교사가 교육적 해결의 주체로 나설 수 있는 상황이 아니기도 하다.[32]

그럼에도 학생들은 자신들이 해결하기 어려울 것 같은 혐오 현상을 반복적으로 경험하게 되면 교사에게 도움을 요청한다. 연구 참

---

32. 최근 연구에서는 "학교단위책임경영제로 인해 단위학교에 '더 많은 자율성'과 '더 많은 책임'을 동시적으로 부과하여 직접적인 통제나 명령이 아닌 간접적인 방식을 통해 각 개인이나 조직, 기관들의 행위를 효과적으로 지배하기 위한 합리적인 경영방식이 정착되었다고 보고 있다. 과거에도 관리자는 학교의 왕이었지만 학교단위 책임경영제의 도입과 더불어 이제는 기간제 교사를 선발하고 해임하는 권한에서 교사 초빙에 이르기까지 더 많은 권한을 관리자가 가지게 되었다(엄기호, 2018: 234)." 또한 "소위 '학교폭력예방종합대책'과 그에 따른 학교폭력대책자치위원회(학폭위)는 피해자에 대한 충분한 지원과 재발 방지를 위한 가해 학생 상담과 치유, 학교 전체의 인권 존중의 문화 형성이라는 교육적 접근을 하지 못한 채 징계형량을 결정하고 집행하는 학교 내 사법기관으로 전락하였고, 교사들 역시 이러한 부담 때문에 교육적 해결의 주체로 적극적으로 나서지 못하고 있다(한낱 외, 2018: 163~164)."

여 학급의 여학생들은 남학생들에게 돼지새끼와 같은 혐오 표현을 반복해서 듣고 있는 민진이를 위해 담임교사에게 도움을 요청하는 것을 적극적으로 고민했다. 결과적으로 실행에 옮기지는 못했지만, 학생들은 혐오 상황을 인지하고 피해 학생을 위해 교사에게 도움을 요청하려고 하는 등 공동으로 대응하고자 했다.

홍해서 (임승윤이) 한 번만 더 하면 (권민진이) 선생님께 말씀드릴까 생각 중이라고 그랬어요.

연구자 민진이가?

홍해서 네.

연구자 근데 그 이후에 안 했어? 한 번만 더 하면 말씀드리려고.

홍해서 그건 잘 모르겠어요.

연구자 결과적으로는 그래서 말씀을 안 드렸어?

홍해서 몰라요, 안 드렸을 걸요.

(홍해서와의 면담)

면담 과정에서 학생들은 예전에 남학생들이 근거 없이 특정 여학생이 어떤 남학생과 성관계를 했다는 말을 해서 교사에게 알리고 중재를 요청하려고 했다는 이야기를 했다. 당시 대상이 된 여학생이 엄청 기분이 나쁘고 크나큰 상처를 받았는데도 남학생들은 발뺌하거나 장난이었다는 식으로 대충 넘어갔다고 했다. 가부장제 사회에서 청소년들 역시 그 문화의 영향을 받아 성과 관련된 문제에서 여전히 여학생들은 수동적인 입장에 있을 수밖에 없으며 남학생들의 행동에 피해자가 되기도 한다.

홍해서 저희 반에 어떤 여자애가 있는데, 개랑 동명이인인 남자애가 있었어요.

연구자 동명이인?

홍해서 근데 개네들이 성관계를 했다고 장난으로 남자애들이 말을 한 거예요. 근데 그 여자애가 그걸 들었어요. 얼마나 기분이 나쁘겠어요.

연구자 그렇지.

홍해서 근데 그걸 선생님한테 말해서 일이 좀 커졌어요.

연구자 아, 그 여자애가 그랬어?

홍해서 네. 되게 어이가 없고, 속상하고 기분이 나쁘잖아요. 그런 말을 한다는 것 자체가. 그 친구… 넘어갔나? 모르겠어요. 갔을 수도 있고 안 갔을 수도 있어요.

연구자 근데 여기서 궁금하다. 그 동명이인인 남자애는 어떻게 반응했어?

홍해서 남자애는 별로 대수롭지 않게 넘기는 것 같았어요. 그냥 장난이라고 생각하니까요.

문연재 남자애들 사이에서는 그게 다 장난이잖아.

홍해서 그치.

연구자 그 여자애는 되게 속상했겠다.

홍해서 여자애로서는 기분이 나쁘죠.

(문연재, 홍해서와의 면담)

진철이는 승헌이가 밥을 먹을 때 친구들이 놀린 것에 대해 담임교사에게 이야기를 했고, 담임교사가 승헌을 놀린 학생들에게 주의를 준 경우도 있었다. 이 상황은 혐오 문제를 해결하고 소수자를 보호하는데 교사의 역할은 중요하며 학급에서 어느 정도는 의미 있게 작동하고 있음을 보여준다.

이진철 승헌이가 밥을 먹는데 애들이 옆에서, 승헌이 옆에서 장난을 쳤어요. 근데 승헌이가 밥 먹는데 방해가 돼서 하지 말라고 했는데 애들이 계속했어요, 그냥. 그걸 승헌이가 좀 안 좋게 생각을 해서 쌤한테 얘기를 했어요.

연구자 밥 먹는데 뭐라고 했다고?

이진철 밥 먹는데 애들이 옆에서 계속 장난친다고. 근데 그거를 그냥 애들이 장난친다고 안 하고 자기를 놀린다고 생각했나 봐요.

연구자 놀린다고 생각할 수 있지.

이진철 네, 그래서 자기를 밥 못 먹게 놀린다고 그렇게 얘기해서 쌤이 좀 화가 나셔서 애들한테 뭐라고 한 적 있어요.

연구자 뭐라고 말씀하셨어?

이진철 왜 승헌이를 놀리냐고. 밥 먹는데. 근데 애들은 놀린 게 아니라 그냥 옆에서 장난을 친 건데….

연구자 놀렸는지, 장난쳤는지는 어떻게 알아? 그중에 한 명이 진철이야?

이진철 아니요.

연구자 근데 어떻게 장난쳤다고 생각하지? 직접 봤니?

이진철 아니요, 걔네들이 말했어요.

(이진철과의 면담)

그런데 혐오를 당하더라도 교사에게 도움을 요청하는 것이 생각보다 쉽지 않다. 왜냐하면 그렇게 했다가 자칫 상황이 학교폭력대책자치위원회(학폭위)로 이어질 수 있다는 부담 때문이다. 학생들은 문제의 상황을 교사에게 말하면 해결될 거라는 기대는 하지만 학폭위까지 이어지는 것은 걱정하고 있었다.

연구 참여 남학생인 이진철이 청소시간에 청소를 제대로 안 한다는 이유로 학급 단톡방에서 같은 반 여학생 소담이를 욕한 일이 있었다. 그러자 반장이 담임교사에게 도움을 요청하였고, 담임교사는 둘을 따로 불러 상담을 거쳐 서로 사과하도록 하였다. 제우는 선생님의 중재가 없었다면 남자 대 여자의 "개싸움"으로 번졌을 거라고 이야기했다.

송제우 금요일에 학교가 끝나고 과학실 청소를 하는데요. 저 위 4층 과학실을 저희 반 애들 4명이서 청소를 해요,

한 달씩 돌아가면서 하는데, 진철이하고 이소담이라는 애하고 나머지 두 명은 누군지 모르겠어요. 하여튼 4명이서 같이 하는데 이소담이라는 애가 청소를 제대로 안 했나 봐요.

연구자 이소담은 여학생?

송제우 네.

연구자 남자 둘, 여자 둘 이렇게 하나?

송제우 네네. 남자 둘 여자 둘 하는데 진철이가 그것에 대해서 불만을 품은 거죠. 제대로 안 하니까. 그냥 대걸레만 쓱 하고 가니까. 진철이는 그런 모습을 한 달 내내 봐왔어요. 저번 주 금요일이 마지막 청소였거든요. 그러면 한 달 내내 그거를 봐왔다는 거잖아요. 그리고 청소도 늦게 오고 그러니까 진철이가 쓴 거죠. 근데 저는 진철이가 마지막 날에 단톡방에서 무슨 말을 썼는지 하나도 몰라요. 지금 제 손에 핸드폰이 없어서.

연구자 소담이 욕을 막 한 거야?

송제우 소담이 욕을 막 했겠죠. 야, 개새끼, 니는 똑바로 하지도 어쩌고저쩌고 했겠죠. 그러다가 누군지는 모르겠는데 제 추측으로는 반장이 그거를 쌤한테 넘긴 것 같아요. 이번 같은 경우는 좀 제재가 필요하죠. 왜냐면 단톡방에서 거의 이제 다 아는 애들이지만, 한 아이를 약간 좀 몰아갔으니까, 코너로 몰아갔으니까. 만약에 소담이라는 친구가 코너에 몰렸다면 어떻게 반항을 할지 모르죠. 만약에 진짜 별의별 욕설로 맞받아치거나 아니면 학교폭력으로 맞받아치거나 그럴 수도 있으니까. 쌤이 이번에 적절한 타이밍에 들어온 거 같아요.

(송제우와의 면담)

면담에서 제우는 "쌤이 적절한 타이밍에 들어왔다"는 표현으로 교사의 중재가 적절했다고 판단하고 있음을 말한다. 그렇지 않았으면 소담이가 코너에 몰려 어떤 상황이 발생했을지 몰랐을 상황이었다는 것이다. 혐오 상황에서 교사의 중재가 필요하고 상황에 따라 유효하게 작동하고 있음을 알 수 있다.

반면에 학생들은 초등학교 때와는 달리 중학교에서는 교사에 의한 중재가 상대적으로 영향을 미치지 않는다는 반응을 보이기도 했다. 학생들은 교사에게 도움을 요청하고 중재를 시도하려고 하지만, 실상은 교사에 대한 기대는 크지 않다고 볼 수 있다.

연구에 참여한 학생들 가운데 제우는 이 부분에 대해 구체적으로 자신의 생각을 드러냈다. 학생들 사이의 혐오 상황에서 교사들이 개입하는 건 필요하지만, 굉장히 제한적으로, 초등학교와 다른 중학생들의 문화를 어느 정도는 인정해 주는 정도에서 이루어져야 한다고 말했다. 만약 이런 상황에서 교사들이 지나치게 개입하거나 제재를 하게 되면 '꼰대' 소리를 듣게 될 거라고 덧붙였다. 교사의 도움은 받고 싶지만 그렇다고 과도하게 개입하는 것은 싫다는 뜻을 분명하게 드러냈다.

연구자 교사의 개입이나 지도, 교육 혹은 다른 어떤 거라도 교사의 도움이 필요할 때가 있는 것 같아? 그런 필요성에 대해서 어떻게 생각해?

송제우 필요성은 있지만 진짜로 선생님의 개입이 필요한 건 1년에 많아 봤자, 열 번 정도. 왜냐면 남자애들이건 여자애들이건 욕이 입에 배어 있어요. 그러니까 남자애들이건 여자애들이건 욕을 자연스럽게 사용하고 그리고 그걸 아무렇지 않게 받아들여요. 친구들끼리 있을 때는 더더욱. 그러니까 이제 선생님도 아는 거죠. 애들을 계속 봐왔으니까. 선생님도 이번에 처음 선생님 하신 거 아니고. 그리고 만약에 처음 들어온 선생님이라면 더더욱 그걸 더 잘 알겠죠. 왜냐면 그 선생님도 얼마 전까지는 고등학생이었을 거니까. 5년, 4년 전까지는 고등학생이었을 거니까 그거를 너무나 더더욱 잘 알 거고, 그니까 이제 약간, 모르겠어요. 쌤이, 쌤들이 자기 자신도 알고 이제 어린 쌤들은 찔리는 게 있는지 없는지는 모르겠는데 하여튼 아는 거 같아요. 그냥 이게 우리나라 학교문화의 일부고 내가 지금 들어가서 만약에 제재를 시키면 나는 꼰대 소리를 들을 걸 알기 때문에 안 그러는 거 같고요.

(송제우와의 면담)

강도후도 교사의 중재에 대해 회의적으로 보았다. 담임교사는 담당인 도덕 수업과 조례, 종례 시간에만 들어오기 때문에 교무실에 직접 가서 말하지 않는 이상 학급의 상황에 대해 잘 모를 거라고 말했다. 심지어 학생들끼리 서로 놀리고 따돌림 당하고 상처받는 상황에 대해서도 교사는 잘 모를 것으로 판단하고 있었다.

연구자 그 선생님이, 너희들끼리 서로 놀리고 그럴 때 그것에 대해서 중재하거나 그런 경우도 있어?

강도후 아니요.

연구자 그런 경우는 없어?

강도후 쌤이 잘 모르실 거예요.

연구자 잘 몰라? 담임쌤이?

강도후 네, 담임쌤 없을 때 제가 자주 놀아가지고.

연구자 근데 뭐 예를 들어서, 민진이 같은 경우에는 큰형님이라고 애들이 놀려서 울고 그랬잖아.

강도후 아, 그랬어요?

연구자 응, 그랬대, 그런 때 선생님이 뭔가 개입해서 조정해주시거나 그런 경우 없어?

강도후 쌤은 모르시는 것 같은데…. 모르실 것 같아요.

연구자 잘 모르시는구나. 선생님이 종례, 조례만 들어오시니까.

강도후 네 . 담임시간에 수업, 도덕 들어오시고 따로 안 하시는 것 같아요 연구자 음, 잘 알 수가 없겠네?

강도후 네.

연구자 서로 놀리거나 놀린 것 때문에 상처받거나 그래도?

강도후 네, 그냥 교무실에서 직접 말하지 않는 이상은 모르실 거예요.

(강도후와의 면담)

이렇게 보면 학생들 간의 혐오 상황에 대한 교사의 개입과 중재가 효과적인 경우는 제한적일 수밖에 없다. 학생들은 이러한 여건을 파악하고 있기 때문에 교사에게 혐오 상황에 대한 도움 요청을 잘 하지 않는다.

제3장

학교 안 혐오 현상 왜 문제인가?

1. 학교의 성차별주의와 여성혐오

너른중학교 2학년 1반에서 발견한 혐오 현상 중 대표적인 것은 여성혐오다. 남학생들에게 여성혐오 표현은 대중적인 비속어이며, 여학생의 외모를 평가하고 비하하며 혐오의 대상으로 삼는 일은 일상적으로 이루어지는 남성 청소년 문화이다. 남학생들의 '섹드립'은 인기의 요건이기도 하다. 학생들이 자주 쓰는 욕은 남성의 성기나 여성의 성기를 빗댄 표현들이 많고, 같은 의미의 욕이라도 여성을 지칭할 때 더 심한 욕이 되는, 여성혐오 표현인 경우가 많다.

남학생들이 여학생들의 외모에 대한 혐오 표현을 하고 혐오 상황을 주도한다는 것은 학급에서 여성의 외모를 둘러싼 성별 정치학이 남성중심적으로 작동되고 있음을 의미한다. 남학생들이 여성의 외모를 협소한 기준에 가두고 통제와 평가의 대상으로 삼는 것은 여성을 고정되고 전형적인 이미지에 가두는 타자화의 일종이다.[우완, 2016] 이러한 교실 문화 안에서 여학생들은 외모와 관련된 남성중심적인 담론, 즉 여성의 몸과 외모를 대상화하는 지배적인 담론으로부터 자유롭기 어렵다. 실제로 여학생들은 여성에게 '예쁘다'라는 것이 얼마나 절대적인 가치를 갖는지를 깊이 내면화하고 있었으며, 대다수의 여학생들에게 외모 꾸미기 실천은 일상적인 것이었다. 누군가가 자신의 외모를 끊임없이 평가하는 환경 속에서 여성들은 스스로를 열등한 존재로 내면화하기 쉽다. 학업성적이나 생활의 측면에서 여학생들이 더 우수하고 독립적이라 할지라도 외모와 관련된 여성혐오가 지배적인 교실에서 성평등한 학급문화가 자리 잡기는 어려울 것이다.

한편, 일반적으로 성관계는 성인들에게만 허용된 행위이고, 이에 대한 지식도 성인의 영역에 속한다. 따라서 '섹스'에 관심이 있고, 이에 대해서 잘 알고 있다는 것은 교사와 부모를 비롯한 기성세대가 청소년에게 금지해 놓은 것을 행하고 있음을 의미한다. 흡연이 인기 있는 남학생의 인기를 더 높게 하는 것과 마찬가지로 남학생들의 '섹드립'은 어른스러움을 드러냄으로써 금기를 위반하고, 이를 통해 더 남성적인 남성이 되는 표시로 인식되고 있다. 여성과 남성이 함께 생활하는 공간에서 남학생들이 남성성을 과장하여 드러내는 것은 여성과 남성이 평등하게 관계 맺을 수 있는 가능성을 낮게 만든다. 남학생들이 성적인 것에 대한 관심과 표현을 더 강하게 드러낼수록 여학생들의 성적인 무관심과 무지는 더 강조될 수밖에 없다. 남학생들의 '섹드립'은 이러한 성별 고정관념에 근거한 행동과 태도를 강화하는 역할을 하게 되는 것이다.

이러한 상황은 교사들이 학교에서 보여주는 성별 고정관념과 편견 등과도 관련이 있다. '남자는 여자보다 힘이 세다', '남자는 약한 여자의 일을 대신 해야 된다'라는 성 편견과 성별 고정관념에 바탕한 교사의 차별표시 혐오 표현은 여성을 차별하고 혐오의 대상으로 삼는 질서와 밀접한 관련이 있다. 여성혐오의 근원에는 여성과 남성에 대한 성별 고정관념이 자리 잡고 있기 때문이다. 즉, 여성혐오의 이유를 구성하는 지배적인 문화는 '얼마나 여성적인가' 혹은 '얼마나 여성적이지 않은가'를 기준으로 삼고 있다. 예컨대, 여학생들은 화장을 했음에도 남성중심적 시각에서 충분히 여성스럽지 않으면 혐오의 대상이 되고, 여성다움과 거리를 두게 되면(화장을 하지 않거나 체격이 크면) 여성답지 못하다는 이유로 혐오의 대상이 된다. 차별표시 유형을 통해 재생산되는 성별 고정관념과 편견은 여성 차별적인 학교문화를 만들고, 이는 여성혐오의 기반으로 작동하게 되는 것이다.

그런데 교실에서 이러한 여성혐오 현상이 나타날 때, 교사와 학교는 여기에 대한 적절한 개입을 하지 않는다. 교사들은 여학생의 외모에 대한 혐오 표현과 혐오 현상이 있다는 사실 자체를 인식하지 못하거나, 인지하고 있다 하더라도 대수롭지 않은 일로 여기곤 했다. 오히려 교사들은 여성혐오 현상이 별도의 사건이나 문제로 수면 위로 떠오르지 않는 한 여학생과 남학생이 조화롭게 잘 지낸다고 인식하고 있었다. 그리고 민진이가 "큰형님"이라는 혐오 표현을 들었던 장면에서와 같이, 혐오 표현이 수업 시간에 사용되어도 교사가 이를 심각한 문제로 여기지 않아 이러한 표현이 반복 사용되는 것을 막을 방법이 요원해보였다.

이 연구의 자문을 맡았던 청소년 활동가들은 교사들에게 성차별적인 문화에 대한 인식이 부족하기 때문에 학교 안 여성혐오 현상을 알고 있다 하더라도 문제로 삼지 않는다고 지적했다. 교사들은 남학생들의 '섹드립'이나 성희롱적인 행동을 남성이 가진 자연스러운 성욕 때문인 것으로 여겼다.

> 저는 생각보다 많은 교사들이, 대부분의 교사들이 이런 상황을 알고 있다고 생각해요. 그런데도 제재를 하지 않지요. 실제로 교사가 학생들이 이런 섹드립을 하는 상황을 목격하고도 원래 남자애들이 짐승이라서 그러는 거야, 라면서 대수롭지 않게 넘기는 걸 많이 봤어요. 그리고 방과후수업 같은 때 보면 책상 위에 성행위를 묘사하는 그림 같은 게 그려져 있기도 해요. 그래서 그런 내용을 교사한테 이야기하면 뜻밖의 반응을 보여요. 걔네가 누군지도 알고 있지만 그건 남자애들이 너를 좋아해서 장난치려고 그런 거다, 이런 식으로요. 정말 이런 대답을 많이 들었어요. 그러니까 교사들은 학생들의 이런 행동을 이미 잘 알고 있으면서도 전혀 문제 삼지 않고 있는 거죠. 문제의식이 없어요.
>
> (청소년 활동가 간담회)

이러한 상황은 학교가 대다수의 여학생들에게 안전하고 평화로운 교육 공간인지 질문하게 만든다. 여성혐오 현상이 일어나고 있지만 이에 대한 공식적이고 제도적인 대응이 없는 상태에서 여학생들 스스로 스쿨미투 등을 통해 학교의 성차별적인 질서와 문화를 폭로하는 것은 일종의 자구책이라고 할 수 있다.

선행연구들에서는 이전에 학교와 학생들에게서 발견된 적대적 편견과 성차별주의가 여성을 보호와 이성애 대상으로 보는 온정적 성차별주의로 변화해가고 있다이미나 외, 2016고 논의하였다. 그러나 여성혐오가 가장 두드러진 혐오 현상으로 드러나는 이 연구의 결과를 보았을 때, 과연 적대적 편견과 성차별주의가 모습을 감추고 있는지에 대해 의문이 든다. 평등한 교육기회와 형식적 성평등주의가 학교의 공식적인 제도라고 할 수는 있지만, 학생 간 상호작용의 문제 등 일상생활의 영역에서 보면, 적대적이고 직접적인 성차별주의가 학교에 만연해 있는 것은 아닌가 질문하게 된다.

2. 학업성적 중심의 학교문화와 혐오 현상

너른중학교 2학년 1반에서 혐오의 대상이 되는 학생은 여성, '특이한' 행동을 하는 학생, 무능력한 학생이었다. 교실에서 이러한 학생들이 혐오의 대상이 되는 것은 이들이 가진 어떤 특성 때문이 아니다. 여성의 외모에 대한 평가와 비난이 당연한 것으로 여겨지는 남성중심적 문화, 차이를 인정하기 어려워하는 동질성 중심의 획일주의, 능력과 성적을 중요시하는 능력지상주의와 성적지상주의 등은 혐오 현상을 가능하게 하는 학교의 질서와 문화이다. 학교에서 어떤 학생이 혐오의 대상이 되는가의 문제는 학교에서 중요하게 여겨지는 가치와 지배적인 질서가 무엇인지를 드러낸다.

연구 과정에서 만난 청소년 활동가들은 학교 자체가 경쟁을 부추기고 학업 이외의 다른 것들은 무가치하게 여기기 때문에 다른 학생과 다르게 행동하거나 성적이 낮은 학생들을 차별하게 되는 것이라고 했다.

> 이런 성차별적인 분위기나 무능력한 사람, 다르게 행동하는 학생들을 차별하는 분위기가 만들어지는 것은, 사실

> 학교 자체가 경쟁을 부추기고 공부 외에는 다른 것을 고민하지 못하게 하는 시스템 자체가 문제라는 생각이 들어요. 물론 이게 바뀐다고 해서 모든 게 다 해결되는 건 아니지만. 이렇게 공부만 중요시하고 학생들을 통제하려고 하는 이런 학교 시스템이 바뀌지 않으면, 사실 이런 문제들을 고민하는 게 무의미해요. 학교가 바뀌지 않는다면 이런 분위기 또한 쉽게 사라지지 않을 테니까요.
>
> (청소년 활동가 간담회)

학부모와 학생, 교사 모두 학업성취를 중요시하는 너른중학교에서 학생들은 좋은 성적을 얻기 위한 능력과 노력을 당연한 것으로 여기기 쉽다. 학생들이 학업이나 게임과 같은, 개인의 성취가 드러나는 영역에서 무능력해 보이는 학생들을 혐오의 대상으로 삼는 것은 학업성적이 좋은 것, 무엇이든 잘하는 것이 가치 있게 여겨지는 학교 전반의 분위기 때문일 것이다. 성적이 높은 학생들에 대한 교사들의 호의와 신뢰, 학생들의 성적에 대한 학부모와 교사의 높은 관심 등은 학생들이 '공부 잘하는 학생이 좋은 학생', '능력 있는 사람이 좋은 사람'이라는 가치를 내면화하게 만든다. 학교의 지배적인 질서가 성적과 성취 중심인 한, 학생들이 무능력하고 노력하지 않는 존재를 혐오하는 것은 바뀌기 어렵다.

또한 학업성취를 중요시하는 학교문화 속에서 교사들은 성적과 학업 분위기 조성 이외의 것들은 부차적으로 여기기 쉽다. 학생들이 얼마나 높은 성적을 얻을 수 있는가에 집중되어 있고, 이를 위한 경쟁에 많은 에너지를 쓰고 있는 학교의 지배적인 질서는 소수자 학생의 경험이나 차별 문제를 등한시할 수밖에 없기 때문이다. 이러한 환경 속에서 학생들은 나와 다른 타자를 인정하고 수용하는 감수성을 갖기는 어려울 것이다.

한편, 학업성취를 중요하게 여기는 너른중학교 교사들은 학업 분위기 조성을 위해 학생들을 통제하는 것을 학교와 교사의 당연한 책무로 인식한다. 그런데 이러한 학생 통제의 과정이 일부 남학생들에게는 자신들에게 불리한 상황으로 여겨지곤 한다. 학교가 비교적 덜 소란스러운 여학생들에게 우호적인 방식으로 규율을 적용하기 때문이다. 예컨대, 2학년 1반에서 수업 시간에 떠드는 몇몇 남학생들은 통제의 타깃이 되곤 한다. 교칙을 어겼을 때도 남학생들이 여학생에 비하여 더 강하게 징계를 받는다고 생각한다. 실제로 일부 교사들은 여학생보다 남학생들에게 더 힘든 일을 시키기도 하고, 체육과 같은 교과에서는 남학생과 여학생의 신체 능력을 다르게 상정하여 평가의 기준 자체가 여학생들에게 유리하기도 하다.

이러한 상황들은 남학생들로 하여금 스스로를 차별의 피해자로 여기게 만든다. 즉, 학교 안에서 여학생들에게 유리한 것으로 보이는 일련의 장면들은 남학생들에게 스스로를 불리하고 피해 입는 위치에 있는 것으로 여기게 만들며, 이는 여학생들에 대한 반감과 적대감으로 연결되기 쉽다. 남학생들은 학교가 학업성취를 중심에 두고 학생들을 통제하는 것, 교칙을 통해 학생들의 자율권을 침해하는 것, 교사들이 성고정관념에 바탕을 두고 학생들을 대하는 것에 대해 반감을 갖는 것이 아니라, 여학생들을 적대시하는 방식으로 자신들의 피해의식을 공고히 한다. 이는 장기간의 경제 불황으로 취업과 생계 문제가 어려워지자 정책이 아니라 여성들의 높아진 지위에서 문제의 원인을 찾고 박탈감을 느끼는 남성 청년들의 사고방식과 유사하다. 남성 청년들의 반페미니즘 정서와 여성혐오를 세대적 특성으로 접근할 것이 아니라 사회 전반의 경제 구조와 복지 차원에서 논의해야 하는 것과 마찬가지로 학교 안 여성혐오 현상에 대해서도 학교 전반의 문화와 질서에 대해 논의해야 할 것이다. 너른중학교의 일부 남학생들이 여학생에 대한 혐오 표현을 쓰고 혐오 현상을 주도하는 것은 학업성취를 중요시하고 이에 따라 학생들을 통제하는 이 학교 맥락에 대한 고려 속에서 논의되어야 한다.

3. 학교라는 질서와 정상성의 재생산

학교 안 혐오 현상은 학교의 구성원, 즉 교사, 학생 등의 구체적인 주체와 대상의 상호작용을 통해 일어나는 것이다. 그러나 그러한 상호작용이 일어나는 맥락, 그것을 가능하게 하는 학교 체제와 질서, 혐오 현상이 반복되어도 문제시되지 않는 학교 풍토 등 교사와 학생을 둘러싼 학교라는 제도 자체가 이 상호작용의 방식과 방향을 결정하는 중요한 토대임을 간과해서는 안 된다. 성적을 기준으로 하는 능력주의와 성별 이분법에 근거한 성별 고정관념, 차이와 다양성을 수용하기 어려운 동질적인 문화에 대한 지향, 젠더와 나이, 지위 등을 매개로 한 위계적인 관계, 민주적인 문제제기와 의사결정이 어려운 학교 풍토 등은 학교 안에서 소수자를 차별하고 배제하는 혐오 현상의 중요한 맥락이다.

학교 안 혐오 현상을 자세히 들여다보면, 사회적·역사적으로는 소수자 집단으로 보기 어렵지만, 교실에서 혐오의 대상이 되는 집단이 있음을 확인할 수 있다. 다른 학생들이 보기에 '특이한' 행동을 하는 학생이나 학과 성적이 낮거나 게임을 잘 못하는 등 무능력한 학생은 사회적으로는 소수자 집단에 속하지는 않지만, 교실에서는 혐오의 주요 대상이 된다. 이는 학교의 지배질서가 다른 사회와는 다르게 강조하고 있는 지점이 있음을 보여주는 것이다. 앞서 이야기한 바와 같이, 학업성취 중심의 학교문화는 다양성을 인정하고 수용하는 것이 쉽지 않고, 능력이 부족하고 노력하지 않는 존재에 대해 혐오를 낳을 가능성이 높다.

그런데 학생들이 이러한 혐오 현상을 반복하여 경험하게 되면, 혐오의 대상이 되지 않기 위한 노력을 하게 될 것이다. 예컨대, 학생들은 다른 학생들과는 다르게 행동하는 것을 지양하고 다수의 학생들에게 받아들여질 수 있는 행동과 말을 선택하게 된다. 그리고 자신의 무능력을 드러내지 않으려고 노력하고, 무능한 자신을 열등하게 여길 가능성도 높다. 이는 학교 안에서 다양성과 이질성을 인정하지 않는 문화를 고착화하고, 능력에 따른 차별을 당연하게 여기게 만든다. 요컨대, 학교 안에서 이루어지는, '특이한' 행동을 하는 사람과 무능력한 사람에 대한 배제와 혐오는 동질성을 중요시하고 우수한 학업성취 능력에 가치를 두는 학교의 지배적인 질서가 작동한 결과이며, 이러한 혐오 현상은 지배질서를 더욱 공고하게 만드는 데에 기여한다.

이러한 지배질서가 재생산되는 것은 곧 정상과 비정상을 구분하고 무엇이 정상인지를 규정하는 과정이기도 하다. 교사나 보호자, 학교 제도와 질서의 개입이 거의 없는 상태에서 반복되어 나타나는 혐오 현상은 학교 안에서 누가 차별당하고 배제당하는지를 보여주고, 누가 '정상'으로 존중되는지를 배우는 장이 된다. 학교의 공식질서는 학업성취를 중심으로 하여 성적이 좋고 교사와 학교에 순응하는 학생들을 인정하고 독려하기 때문에 학생들에게도 학업성적과 높은 수준의 성취는 중요한 가치로 여겨진다.

이와 동시에, 학생들 간 상호작용으로 이루어져 있는 비공식적인 질서 속에서 정상과 비정상을 구분하는 힘은 인기 있는 남학생들 위주로 재편되어 있다. 이 남학생들이 학생과 청소년에게 금지되어 있는 것들을 위반하고 이를 드러내는 것은 자신의 남성성을 과시하는 과정이다. 이러한 남성성의 과시는 여성혐오와 연결되며 이질적인 존재에 대한 거부로 이어지기도 한다.

그런데 이 '정상성'이라는 것은 원래 그러한 것이 아니라 누군가가 구성하고 유포하는 임의적인 것이다. 따라서 이것에 자신을 맞추는 것은 어떤 의미에서 폭력적일 수 있다. 학교 안에서 '특이한' 행동을 하거나 무능력함을 드러내는 것이 혐오의 대상이 된다는 것은 그것이 '정상성'에서 벗어나 있다는 메시지를 만들어내는 것이며, 이 '정상성'에 각자를 맞추어 가는 노력을 강요하는 것이기도 하다.

이 연구의 결과는 너른중학교에서 혐오의 대상이 되지 않는 것은 매우 어렵다는 것을 보여준다. 성별에 적절한 외모를 갖추고 '특이한' 행동을 하지 않으며, 무능력하지 않은 학생은 학급 내에서 극소수에 불과하기 때문이다. 외모나 행동 습관, 성적이나 실력은 학생들이 노력한다고 해서 단시간에 바뀌는 것이 아니다. 이러한 것들을 기준으로 하는 혐오 현상은 대다수의 학생들에게 '정상성'을 획득하기 위한 불가능에 가까운 프로젝트를 계속해서 시도하게 만든다. 학교 안 혐오 현상이 학생들 간 일상적인 상호작용 중 하나라는 것은 학생들이 일상생활 속에서 끊임없이 정상과 비정상을 가르고 비정상에 대한 경멸과 적대감을 표현한다는 의미이다. 연구를 진행한 너른중학교 2학년 1반 학급에서는 외모, 행동 습관, 성적과 실력 등이 혐오의 이유가 되었지만, 다른 학교 현장에서는 또 다른 특성들이 '비정상성'으로 여겨지며 혐오 현상의 표적이 될 것이다. 학교 안에서 학생들이 나와 다른 존재를 받아들이고 학급 내 이질성과 다양성을 수용하는 것은 정상과 비정상을 구분하고 이에 따라 차별하는 것을 멈출 때 가능하다.

개개인들이 '정상성' 획득의 노력을 멈추는 것은 정상, 비정상의 경계에 대해 의심하고 그 틀 자체를 다시 기획함으로써 가능해진다. 이를 위해서는 나와 타자 간의 연대가 필요하다. 혐오의 대상이 되어온 주체들끼리의 공감과 연대는 혐오 현상에 대한 대안적인 질서를 만들 수 있을 것이다. 너른중학교에서는 외모에 대한 비하와 혐오 현상을 경험해온 여학생들 간 연대가 희망적인 움직임으로 보였다. 혐오의 대상이 되어 고통받는 여학생을 다른 여학생들이 위로하고 그 감정을 공유하며 혐오 주체가 되었던 남학생들을 함께 비판하는 움직임은 아직 이 학급 내에서 큰 영향력을 행사하지는 못한다. 그러나 이러한 움직임이 혐오 현상을 제어할 수 있는 모종의 힘을 가질 수 있을 것으로 기대된다. 나아가 이 여학생들이 자신들을 괴롭혔던 여성의 외모에 대한 강요와 강박의 실체에 관해 학습함으로써 의식 고양과 집단적 자각을 경험할 수 있다면, 교실에서 여성 혐오 현상이 일상적이고 반복적으로 일어나는 것을 어느 정도 제어할 수 있는 가능성이 열릴 것이다.

제4장

학교 안 혐오 현상, 어떻게 극복할까?

1. 평등한 학급 운영과 소수자에 대한 감수성을 높이는 수업 재구성

1) 혐오 현상에 대처하는 학급 운영과 생활지도

교실에서 혐오와 차별 표현이 드러날 때, 그 표현과 현상의 종류에 따라 지도 방법을 달리하는 것이 효과적이다. 혐오 현상으로 나타난 행동과 표현을 그 원인이나 발화 목적에 따라 분류하고 그에 대한 교사의 대처 방안을 고민해보는 것이 필요하다. 그러나 학교 안의 혐오 현상은 학생에 의해서만 이루어지는 것이 아니며, 교사에 의해 재생산되는 혐오 현상에 대해서도 고민할 필요가 있다. 특히 교사가 기존 질서를 답습함에 따라 의도치 않게 혐오 현상을 재생산 또는 방관하는 경우에 대해 주목해야 한다. 이에 학교 안에서 드러나는 혐오 표현과 현상의 주체를 학생과 교사로 구분하여 학급 운영과 생활지도 방향을 살펴보고자 한다.

혐오 현상의 주체가 학생인 경우 생활지도 방향

학생의 혐오 표현을 지도할 때에는 학생들이 혐오 표현을 사용하는 이유를 분석하는 것이 필수적이다. 또한 단순히 비속어 지도의 측면으로 바라보지 않고, '혐오 표현'이라는 개념에 대한 이해를 바탕으로 한 지도가 필요하다.

학생들이 사용하는 비속어가 얼마나 나쁜 말인지 알려주자는 취지로 교사들 사이에서 많이 공유되는 수업자료 중 비속어의 어원을 알려주는 것이 있다. 학생들이 이러한 표현을 사용하는 것을 제재하기 위해 그것이 얼마나 나쁜 표현인지 알려주는 것은 큰 효과가 없다. 얼마나 나쁜 표현인지 몰라서 사용하는 것이 아니라 그것이 얼마나 나쁜 표현인지 '알기' 때문에 사용하는 것이기 때문이다. 학생 개인의 도덕성과 당위에 호소하는 것은 유효한 전략이라고 볼 수 없다. 효용성의 측면뿐만 아니라, 혐오 표현이라는 개념 자체가 비속어를 반드시 포함하는 것이 아니라는 점에서 기존과는 다른 방식으로 접근해야 한다.

① 혐오 표현의 특성에 따른 지도 방법

● 소수자와 약자에 대한 혐오 표현

이에 대해서는 무엇보다 예방 조치가 중요하다. 혐오 표현은 학생들 사이에서 쉽게 유행하며 문제의식 없이 사용함으로써 일종의 습관이 된다. 대체로 BJ, 개그맨 등 성인이 만들어낸 혐오 표현이 학생문화로 옮겨온다. 이것은 학생이 의도적으로 차별적 사고를 한 뒤

혐오 표현을 사용하는 것이 아니라, 혐오 표현을 사용함으로써 약자를 마음껏 혐오하는 사고를 가지게 됨을 의미한다. 따라서 언어가 사고를 형성하기 전에 개인의 정체성은 비난 대상이 될 수 없음을 주지시키고, 무엇이 차별인지에 대한 인식을 명확하게 해주어야 한다.

특히, 유튜버, BJ의 문제행동을 모방하는 경우에는 그것이 학생들이 생각하는 것처럼 멋진 문화가 아님을 알게 해야 한다. 이에 대해서는 콘텐츠에 대한 무조건적인 차단이 아닌 좋은 콘텐츠 찾기 활동을 통해 교사가 학생의 문화를 이해하려고 노력하고 있음을 보여주고 학생들 문화에 공감해야 한다. 중요한 것은 혐오를 놀이문화로 받아들이기 이전에 바로잡을 수 있어야 한다는 것이다.

● 여성혐오 표현

특정 여성상을 강요하는 여성혐오 표현

학생들이 가상의 부정적인 여성상을 만들어 집단화하고 혐오를 합리화하는 현상을 인지하게 되었을 때 교사는 그러한 현상에서 파생된 단어의 뜻을 정확하게 알고 있는지 확인해야 한다. 이를 위해서는 개인의 특징을 집단의 특징으로 도출하지 않도록 지도하는 것이 필요하다. 학생, 연소자로서 겪는 본인의 약자성과 그에 따른 일반화의 경험을 돌아보게 함으로써 약자에 대한 낙인에 관해 고민하는 계기를 만들어줄 수 있다.

저도 작년에 백래쉬를 겪어서, 대자보하고 포스트잇하고 이런 것 때문에. 그래서 약간 돌려돌려 한 거예요. 처음에 너네가 인종차별 받은 거 있으면 한번 써보라고 했어요. 인종차별 얘기도 막 하고, 한국인들이 영국 가서 맞은 거 이런 거 보여주고 남자가 맞은 거 일부러 보여주고. 그랬더니 자기 이야기를 쓰더라고요. 그런데 게임에서 인종차별 당한 게 되게 많았어요. 한국인들을 '김치남'이라고 한대요, 게임에서. 전 세계인들이 하는 게임이 있나 봐요. 그러면 너네는 어떻게 했어? 하고 물었더니 자기네도 일본인한테 '스시남' 이렇게 했대요. 그러니까 거기서 미러링 얘기하고.

그 다음에 또, 걔네 아까 초딩 이야기하셨잖아요. 너네 나이 차별받은 거 이야기해보라고 했더니, 급식충 얘기하고. 요즘에는 뭐 노스쿨존, 노급식존도 있대요. 10대들 못 들어오게 하는 카페. 이런 기사 보여주고 이거 진짜야, 물어보고 그것에 대해서 대화를 나누니 나이 때문에 차별받은 거 다 쓰더라고요. 그래서 이번에는 성차별 받은 거 있으면 써보라고 했어요. 그러면서 한 가지 예로 남자애들 맨날 울지 말라고 배웠지? 이런 거 쓰면 돼 했더니 정말로 그것밖에 안 쓰는 거예요. 나 울지 말라고 맨날 혼났다, 이런 내용이요. 반면에 여자아이들은 굉장히 풍부하게 썼어요. 정말 구체적이고 정확한 용어를 사용하면서.

(교사 간담회)

교사 경험담을 살펴볼 때, 혐오와 관련한 학생지도는 학생 개인이 겪은 경험을 토대로 할 때 효과적일 수 있음을 알게 한다. 그러나 이러한 방식은 소수자에 대한 범위를 보는 시각차가 있어서 한계에 부딪힐 수 있다.

> 아까 말씀하신 것처럼 아이가 소수자로 지금 이미 살아가고 있잖아요. 그러면 그 경험에서 끌어와서 여성혐오로 자연스럽게 넘어가는 게 괜찮은 아이디어인 것 같아요. 최근에 '초딩'이라는 단어로 수업을 했었는데, 경험이 있으니까 이야기가 잘 나왔어요. 그런데 '여성이 소수자'라는 데서 막혀요. 생활지도 하려고 하는 그 모든 것이, 모든 시도가 여성을 소수자로 명명하는 순간 막혀요.
>
> (교사 간담회)

따라서 혐오 표현 지도가 이루어지고 있는 교실 현장의 어려움이 어떤 양상을 띠고 있는지를 정확하게 인지할 필요가 있다. 혐오 표현 지도는 교실 내에서 사회의 약자와 소수자가 무엇을 의미하는지에 대한 합의를 도출한 뒤에야 실질적으로 가능하다.

외모(화장과 몸매)에 대한 평가

여학생과 남학생 모두에게 외모에 대한 칭찬도 일종의 평가임을 인식하도록 지도해야 한다. 타인의 신체에 대해 함부로 언급하는 것 자체가 무례한 것임을 인식하고, 일상 대화에서 바디토크body talk

자체를 하지 않는 방법을 알려준다. 대화 주제가 자연스럽게 외모로 흘러가면 학생 서로가 서로를 압박하는 방향으로 가닿게 될 가능성이 높다. 학생들이 외모 칭찬, 평가가 가져오는 사회적 압박을 고민할 수 있도록 안내해야 한다.

성행위 또는 음란물을 연상시키는 말과 행동(섹드립)

이에 대해서는 교사가 당황하지 않는 것이 가장 중요하다. 교사 앞에서 이러한 발언이나 행동을 하는 것은 대체로 교사를 당황하게 만드는 것이 그 목적인 경우가 많다. 여학생들을 대상으로 이러한 말과 행동을 하는 것도 이것에 익숙하지 않은 여학생들을 당황스럽게 함으로써 재미를 느끼기 때문이다. 교사나 여학생에게 무례하게 굴거나 성적 수치심을 유발하는 행동을 또래 집단 앞에서 보임으로써 자신의 남성성을 확인받고자 할 때, 보가트[33] 대응 전략을 사용할 수 있다. 학생의 발언이 교사에게 별로 영향을 주지 않음을 보여주는 것이다. 학생이 사용한 단어를 그대로 되풀이하며 지도하여 학생의 의도가 실패했음을 보여주는 것이 효과적이다. 그러나 교사가 당황하지 않는 것과는 별개로 이것이 법적 처벌을 받을 수 있는 성희롱, 성추행 발언과 행동임을 인지시켜야 한다.

---

33. 상대방이 두려워하는 것으로 변신하는 「해리포터」 시리즈의 마법 생물. 보가트는 두려움의 대상이 나타날 때, 그것을 두려워하지 않고 크게 웃는 방법으로 적을 물리친다.

성별 고정관념에 의한 말

흔히 말하는 여성성, 남성성 중 많은 것들이 사회적으로 만들어진 고정관념임을 알려주어야 한다. 무조건 '여자와 남자는 같다'고 말하기보다는 이러한 성별 고정관념이 강력한 사회와 그렇지 않은 사회 중 어느 쪽이 더 좋은 사회인지 고민해보게 하는 것이 더 효과적이다. 마찬가지로 개인의 특징을 성별 집단의 특징으로 묶지 않도록 평소에 꾸준히 지도하는 것이 좋다.

② 학교 안 혐오와 차별 현상을 공론화하는 제도 운영

학급 혹은 학교 내에서 민주적인 의사결정제도를 운영함으로써 학교 안 혐오와 차별 현상을 학생들 스스로 공론화할 수 있는 계기를 가질 수 있다. 혁신학교에서 운영되고 있는 개최권, 의제선정권, 진행권 등이 학생들에게 있는 민주적인 의사결정기구인 '다모임'과 같은 체제를 운영할 때 학생들에게 민주적 의사결정을 경험할 기회를 제공할 수 있다. 이러한 다모임 형태의 의사결정기구에서 학교 안의 혐오 현상과 학생들의 혐오 표현을 어떻게 다룰 것인가를 논의하고 학생 스스로 자정 작용을 모색하는 사례를 살펴볼 수 있다.

> 초등에서는, 저희 학년은 전체 학년이 다 합쳐서 45명밖에 안 돼요. 그래서 다모임이라고, 전체가 다 모여서 회의할 수 있는 권리를 아이들한테 줬어요. 보통 교사한테 쌤, 회의해요 그랬을 때 교사가 자르기도 하고 그러잖아요. 그렇게 운영하는 건 좀 아닌 것 같아서 아이들이 저를 거치

지 않고 교감한테 바로 갈 수 있게 했어요. 국민청원처럼 서명 받아야 되고 이런 절차가 있기는 한데 전체 회의 소집권도 아이들한테 있어요. "응, 아니야."라는 말을 아이들이 하도 많이 쓰고 그러니까 이런 표현에 대해 회의를 하자는 거였어요. 그런 언어 표현을 생각해보자는 거였죠. 결국 아이들이 요청을 해서 다모임, 학년 다모임이 열렸어요. 거기에서 아이들이 의견 나누고 정말 교과서에 나올 것 같은 이야기로 마무리가 됐죠. 서로를 배려하며 말하자, 이런 식으로 마무리가 되기는 했어요. 그런데 그 회의 주최자가 여학생들이 아니라 남학생들이었어요. 여학생이 나서는 것에 대한 터부가 여전히 있기 때문에 남학생들이 주도가 되어 회의를 개최한 거죠. 사실 그런 말을 많이 쓰는 애들이 남자아이들이기는 해요.

(교사 간담회)

민주적 의사결정기구를 통해 공적인 자리에서 혐오 문제를 다루고 함께 지켜야 할 규칙들을 만들었다는 점에서 이는 학교 내에서 학생들 스스로 혐오 현상에 대한 대응 방안을 만들어낸 예시일 수 있다.

이러한 민주적 의사결정제도를 운영하고 여기에서 학생들 스스로 학교 안 혐오와 차별 현상에 대해 논의하게 하려면 학교 전반의 민주적인 의사결정 문화, 학생자치에 대한 지지와 지원 문화가 전제되어야 한다. 이 의사결정기구는 기존의 학교제도가 수행해왔던 것과는 매우 다른 방식이다. 학교 운영의 당사자인 학생이 참여하여 의견을 제시하고 해결책을 강구하는 것은 학교 안 구성원의 의식 개선이 먼저 자리 잡아야만 실질적인 운영이 가능하다. 기존 관습 체계에 대한 개선 없이 학생의 의견을 반영한 의사결정제도를 운영하는 것은 형식적으로만 민주적인 의사결정인 경우가 될 수 있다.

> 의견의 반영 비율도 중요해요. 이번에 편안한 교복 공론화에서도 이제 막 이 규정에 대해서 얘기할 때, 학생 참여를 중시하고 민주적으로 합의할 거면 적어도 학생 비율을 50%로 해 달라고 요구했어요. 안 그러면 영원히 2:1이거든요. 그래서 교사, 학생, 학부모로 구성한다면 학생을 50% 이상 해 달라고 했죠. 이번에 교육감도 50% 이상 학생 참여 비율을 얘기했고요.
>
> (전문가협의회)

위의 사례에서 볼 수 있듯, 학교 의사결정 방식에 학생을 포함하더라도 그 비율 문제에 대한 고민 없이 운영하는 것은 완전한 해결 방식이라고 볼 수 없다. 뿐만 아니라 기본적인 인권에 대한 안건을 토론의 형태로 공론장에 올리게 되는 문제 또한 함께 안고 있다. 때문에 학생에게 의사결정권을 넘겨주는 과정에서 생길 수 있는 갈등을 어떻게 처리하는지는 제도가 민주적으로 자리 잡는 데 중요한 관건이 된다.

여러 가지 난점을 안고 있지만, 학생 참여형 의사결정 방식은 학교 안 혐오 현상 해결에도 매우 좋은 해결책이 될 수 있다.

다모임에서 금지어를 제정하는 것을 시도해본 적이 있어요. 애들이 처음에 내놓은 의견은, 구체적인 내용 없이 표어처럼 금지어를 제정하자 이런 식이었어요. 이런 식으로 되던 시절도 있었지요. 욕설만 쓰지 말자 뭐 이런 식으로. 하지만 요즘에 아이들이 사용하는 혐오 표현은 욕인 경우는 없어요. '~년' 같은 게 들어가지 않아요. 근데 들으면 되게 기분이 나쁜 말을 써요. 그러고는 나중에 문제가 되면 나는 그런 뜻으로 한 말이 아니다 이러고요. 얼마든지 발뺌할 수 있는 그런 말들을 사용한다는 거죠. 그래서 다모임을 열었을 때도 결국 매우 원론적인 얘기가 나와요. 남이 기분 나빠하는 말은 사용하지 말자, 이렇게요. 근데 그게 맞잖아요. 하지만 또 그걸 모르는 아이는 사실 아무도 없죠. 그러나 중요한 건 그게 공적인 자리에서 결정이 된다는 거예요. 학년 게시판에 게시가 되고요. 그러면 그 약자 입장에서도 걔가 '응, 아니야.' 이런 말 했을 때 '야, 너 왜 나한테 그런 말 써?' '아니라고 말한 건데.' '남이 기분 나빠하는 말 쓰지 말라고.' 이런 식으로 대응이 가능해지더라고요. 습관적으로 하던 아이가 발뺌할 수 없는 상황이 되는 거죠. 이게 가능하려면 학교 분위기나 환경이 조성되어야 해요. 그래서 우리 학교가 아닌 다른 학교에서도 이게 가능할까 생각하면 사실 안 될 것 같아요. 제가 운이 좋았죠.

(교사 간담회)

이처럼 문제 상황에 대한 공론화를 통해 학생 당사자의 인정과 협의가 이루어질 수 있다. 혐오 현상을 만들어내는 집단에게 대항하여 성공하는 경험은 혐오 표현과 현상이 가지는 힘을 잃게 만든다. 자신이 가진 약자성으로 혐오의 대상이 되었던 학생은 연대와 공론화를 통해 혐오의 주체를 무력하게 만들고, 이러한 성공 경험을 바탕으로 혐오에 대항하는 방법과 용기를 습득하게 된다.

교사에 의한 혐오 현상에 대한 고민과 노력

학생들을 가장 가까이에서 만나는 교사 스스로가 차별에 민감하게 반응하고, 혐오의 주체가 되지 않도록 주의를 기울여야 한다. 기존의 관습대로 성별이분법을 강화하거나 직업 편견을 드러내거나 소위 정상가족이 기본형이라 생각하고 발언했을 때 곧바로 정정하고 사과할 수 있어야 한다. 학생보다 오랜 기간 동안 차별을 강화하는 관습과 다양한 소수자 혐오에 대해 무디게 반응하는 사회를 겪은 시민으로서 교사 스스로 이를 개선하려고 노력하는 태도 없이는 학교 안 혐오 현상을 해결할 수 없다.

또 이러한 개인적인 노력과 함께 학생들이 공유하는 문화, 미디어를 이해하기 위한 노력이 필요하다. 학생들은 TV를 포함한 기존의 미디어와 SNS로 대표되는 뉴미디어를 넘나들며 혐오 표현을 학습하고 있다. 그래서 교사와 보호자에게는 학생들의 미디어 생활 전반에 대한 이해가 필요하다. 예컨대, 1인 방송 플랫폼인 아프리카 TV나 유튜브 방송을 일상적으로 접하는 학생들에게 방송 시청이나 구체적인 혐오 표현을 금지하는 것은 효과적인 지도 방법이 아니다. 교사와 보호자가 학생들이 주로 활용하는 미디어의 특징과 그 내용들을 파악하고 있어야지만 미디어를 통한 학습에 적절하게 개입할 수 있을 것이다.

학교 안 혐오 현상을 극복하기 위해 교사들이 고려하고 노력해야 하는 지점에 대해 제시해보면, 다음과 같다.

① 정상가족을 기본으로 생각하는 발화

주 양육자를 여성으로만 가정하는 발언, 즉 "엄마한테 사인 받아와"와 같은 발언을 하지 않도록 주의한다. '학부모'라는 단어보다는 '보호자'라는 말을 사용하는 것도 더 많은 형태의 가족 구성원을 포괄할 수 있어서 권장한다.

또한 화목한 가정이 지향점일 수는 있으나 가족의 기본형은 아님을 고민해야 한다. 학생들이 교과서와 기존 미디어에서 드러나는 정상가족 신화를 비판적으로 바라보고 다양한 형태의 가족을 인식하기 위해서는 교사의 감수성이 우선되어야 한다.

② 이성애 중심 발화

"대학가면 남자친구(여자친구) 생긴다!", "너 그렇게 하면 여자애들(남자애들)이 싫어해", "그러다 시집 못 간다"와 같은 발언은 교실 구성원 중에 성소수자가 존재할 수도 있음을 배제하는 것이다. 교사는 학생의 정체성에 상관없이 모든 교실 구성원이 교실 안을 편안하게 느끼고 안전한 공간으로 인식할 수 있는 환경을 조성할 의무가 있다. 교사가 약자의 편에 서 있으며, 개인의 정체성을 비난과 조롱의 도구로 삼는 것을 허용하지 않는다는 것을 강력하게 보여주어야만 교실 안에 존재할 수 있는 소수자 학생이 학교를 안전한 공간으로 인식할 수 있다.

③ 성별 고정관념에 따른 발화

"여자애가~", "남자애가~"로 시작하는 성별 고정관념에 따른 말을 쓰지 않도록 의식해야 한다. 드세다, 기가 세다, 삐지다 등의 단어를 성별을 구분하여 사용하지 않도록 교사 자신은 물론 교사들 간의 대화에서도 조심하고 노력할 필요가 있다. 특히, 진로지도 시 성별 고정관념에 얽매이지 않도록 하여 학생이 자신의 성별에 따라 능력과 가능성의 한계를 설정하지 않도록 주의해야 한다. 또한 기성세대에게서 받아들여지고 당연했던 농담이 이제는 농담이 아니라 성별 고정관념에 사로잡힌 발언일 수 있다는 사실도 인식해야 한다.

④ 연령주의ageism에 따른 발화

"너희가 아직 어려서 잘 모르는 거야"와 같은 말은 교사의 조언이 아니라 학생의 의견을 존중하지 않는 것이다. 청소년, 노인에 대해 말할 때 연령 위주로 특징을 한정하지 않아야 한다. 청소년혐오Ephebiphobia에 해당하는 급식충, 중2병, 등골브레이커 등의 단어를 농담으로 사용하지 않도록 해야 한다. 학생을 단순한 계도의 대상으로 바라보는 것이 아닌 사회를 구성하는, 교사와 동등한 권리를 지닌 시민으로 인식하고 동반자로서 바라보는 관점이 필요하다.

평등과 관계 중심의 학급 운영

학교 안 혐오 현상 극복을 위해서는 학생들과 교사에 의한 혐오 표현과 혐오 현상에 대한 대응과 대처 방향을 고민함과 동시에 평등과 대안적 질서를 중요시하는 학급 운영에 대한 고민도 필요하다. 여기서는 이러한 방향의 학급 운영의 예를 제시하였다.

① 성별과 무관한 학생 번호 붙이기

행정 편의 때문에 학생의 성별을 기준으로 번호를 구분하는 것은 학생이 최초로 경험하는 사회화의 과정에서 성별을 내집단과 외집단으로 구분하는 기준으로 인식하게 만든다. 지금처럼 어느 성별이 앞 번호를 가지게 하는 것이 아닌, 성별 구분 없이 번호를 붙이고자 하는 노력을 기울여야 한다. 교육청 차원에서 관련한 지침을 내려보냈을 때 빠르게 자리 잡을 수 있었던 사례를 살펴보자.

> 우리 학교는 1년에 한 번씩 매년 바꿔서 남자가 1번, 여자가 뒤 번, 여자가 1번 남자가 뒤 번 이렇게 매년 바꿔서 해요. 제가 첫해 이 학교에 갔을 때 남자가 1번인데 여자는 뒤부터였어요. 이것을 어떡할까 싶었는데 다음 해에 바뀌었어요. 처음 바로 이야기하지 못했던 건 이걸 굳이 지적

해야 하나, 지적하기에는 애매하다는 생각이 들었기 때문이에요.

그래서 고민을 하고 있었는데, 올해 서울시교육청에서 남자를 1번부터 하는 것은 성차별이니 하지 말라는 교육 지침이 내려왔고, 경기도도 그 지침대로 할 예정이라고 하니까 우리도 얘기를 한번 해봐야겠다는 의견이 나왔지요. 학교에서 정하지 않았더라도 위에서 내려오면 우리는 따라가는 사람들이잖아요. 그래서 학교에서 막내지만 용기를 내서 이야기했지요. 이렇게 하는 것이 괜히 일 만드는 게 아니다, 교육청에서도 내려온 지침이다 그러니 우리도 따르자 이렇게요.

(교사 간담회)

위 사례에서 볼 수 있듯 제도가 뒷받침될 때 성별 구분 없는 학급 운영이 한결 수월해지고 유지됨을 알 수 있다. 교사 개인의 에너지를 소진하지 않을 수 있기 때문이다. 의식 있는 교사 몇몇의 개선 운동은 특정 집단에서만 효력을 발휘할 수 있으며, 지속가능성 여부 또한 불투명하다. 혐오와 차별의 토대가 되는 제도를 개선하는 것은 단지 학교 구성원만의 문제가 아니다. 사회 전체의 의식 개선에 영향을 미친다.

② 관계와 소통 중심의 학급 운영

학교 안 혐오 현상을 극복하기 위해 교사는 학생이 교실을 편안한 공간으로 느끼고 교사와의 소통이 자유롭게 이루어질 수 있는 분위기를 형성하고자 노력해야 한다. 혐오 현상의 주체가 되는 학생을 공론장으로 끌어와 앉히고 그 혐오를 지속하지 않도록 하기 위해서 교사가 공정한 판단을 하고 학생을 이해하는 사람임을 인식시키는 것이다.

저는 학생과의 관계형성을 위해 그동안 해오던 방식을 바꿨어요. 그동안에는 학생이 잘못을 했을 때 도덕적으로 비난하거나, 그 행동을 개선시키기 위해 벌을 주거나 남겨서 청소시키는 그런 일을 했어요. 하지만 올해부터는 그렇게 안 하려고요. 대신 그런 학생에게 본인의 말과 행동으로 인해 다른 친구들이 어떻게 느끼는지 그 관점으로 설명을 해주려고 해요. 물론 너무 논리적으로 설명하거나 잔소리처럼 느껴지지 않게 주의해야겠죠. 저는 평소 아이들 생일, 이런 걸 잘 챙겨요. 선물로 동화책 같은 걸 이용하기도 하고요. 성별을 구분하거나 정해져 있지 않으면서 새로운 것을 시도해볼 수 있는 그런 책으로요. 그런 것을 이용해서 일상에서 아이들이 듣는 여성과 남성을 구별하는 말이 얼마나 차별적이고 잘못된 것인지를 자연스럽게 알게 하는 거죠. 특히, 남학생들과 이런 교류를 많이 하려고 해요. 이때 내가 너를 지적하는 게 아니라는 인식을 갖게 하는 게 제일 중요해요. 이런 불신을 걷어내야 그 다음 단계로 나아갈 수가 있어요.

그리고 부모 역시 성 인식이 민감하지 않으면 의식적으로든 무의식적으로든 자녀한테 남자답게, 여자답게를 은연중에 강요하게 되거든요. 그러다보니 아이들이 성별이 정말 다양한 수 있다는 사실을 모르고 자라게 되지요. 실제로 아이들은 그 '정상'에 대한 압박이 되게 커요. 그래서 정색을 하고 대놓고 말해요. 그 정상이라는 게 완벽한 게 아닌데, 왜 우리가 그 기준에 맞춰야 하냐고, 그 기준이라는 것을 누가 정했는지 생각해봤냐고, 그것 때문에 이득을 보는 사람이 있다는 걸 아냐고…. 이런 이야기를 하면서 다양하게 대화할 수 있는 장을 열려고 노력을 했던 것 같아요. 학급 회의라든지 사소한 일이라도 좀 같이 얘기할 수 있게. 하지만 잘되는 건 아니에요.

(교사 간담회)

제시된 사례에서 볼 수 있듯 교사가 여러 가지 접근 방식을 통해 라포르를 형성한 뒤에는 조금 더 효과적으로 혐오 현상에 대응하는 가치관을 전달할 수 있다. 교사와 학생 간에 존재하는 위계를 버리고 사회의 동등한 시민으로서 의사소통을 지속할 때, 학생은 학교가 재생산해내는 위계질서를 통해 학습한 차별을 비판적으로 인식할 수 있다. 관계와 소통 중심의 학급 운영을 통해 교사가 전달하고자 하는 가치를 내재화하고 동시에 민주적으로 의사가 결정되는 과정 자체를 경험하는 것으로 학생은 혐오 현상에 대항할 수 있는 자정 능력을 키우게 된다.

2) 혐오, 차별 현상을 다루는 수업 실천

혐오 현상 극복을 위한 수업 실천의 준비: 차별 인식 조사

교실 안에서 혐오와 차별 현상을 다루는 수업을 하려면 먼저 차별과 혐오에 대한 학생들의 인식 수준을 조사하는 것이 필요하다. 설문이나 교과 수업과의 연계를 통해 파악할 수 있다.

특성이나 상태를 설명하는 여러 개의 단어를 제시하고 그 단어가 어떤 성별에 더 어울린다고 생각하는지, 또는 모든 성별에 어울리는지를 선택하여 작성하게 할 수 있다. 각자의 결과를 듣고 결과를 수합한 뒤 자신이 가지고 있는 고정관념이 반영된 것은 아닌지 돌아볼 수 있도록 수업을 진행할 수 있다. 단어가 특정 성별에 어울린다는 답변이 많을수록 성평등 의식 지도가 필요하다. 이때 학생의 고정관념을 본인의 부족함으로 인식하지 않도록 주의한다. 또한 이런 인식이 사회적 맥락과 미디어 환경에 큰 책임이 있음을 알려주어 이 환경을 개선하기 위한 방법을 찾아보는 방향으로 이끄는 것이 좋다.

혐오와 차별 현상을 다루는 수업 재구성

① 혐오·차별 미디어 비판 수업

학생들의 혐오 표현에 가장 큰 영향을 미치는 것은 미디어이다. 미디어는 사회적으로 확산되어 있는 차별의 문화를 재현해 왔고, 미디어가 재생산해낸 혐오와 차별이 다시금 사회에 영향을 미쳤다. 이러한 미디어를 학생들이 향유하고 소비하는 것은 교사와 보호자의 규제 밖에 있기도 하다. 미디어 비판 수업을 통한 혐오·차별 대처는 학생 주도 수업으로 이끌기 좋은 방법이다.

● **등장인물 분석하기**: 매체에 나타난 성별에 따라 어떤 성격이 주로 나타나는지 분석하고 분류한다. 이 수업을 통해 학생은 성별 고정관념에 대해 인식할 수 있다. 국어 교과의 문학 단원과 연계 지도가 가능하다. 미디어에 나타난 성역할 고정관념, 편견과 차별이 발생하는 사회·문화적 상황을 분석하고 성역할을 재설정하여 제시할 수 있다. 유명한 작품의 등장인물의 성별만 바꾸어보는 수업을 연차시로 구성하여 진행할 수도 있다.

● **기사 다시쓰기**: 뉴스 기사의 제목과 내용을 분석하고 성평등한 관점에서 쓸 수 있도록 안내한다. ○○女, 몹쓸 짓, 못된 손, 검은 손, 한 순간의 실수 등의 표현을 수정하고 고통을 전시하는 형태의 보도에 사용되는 여성 이미지 또한 비판이 가능하다. 기사 작성에서 드러난 차별과 혐오뿐만 아니라, 뉴스 기사가 보도하는 사회·구조적인 문제와 영향을 분석하고 차별, 혐오와 관련된 다양한 문제 상황을 중심으로 대처 및 지원 방안을 탐색할 수 있다. 국어 교과의 기사문 작성 수업과 미술 교과의 주제표현 단원에서 이미지 활용 차시에서 수업 구성이 가능하다.

● **좋은 콘텐츠 추천하기**: 건전하거나 유익한 채널을 내용에 따라

분류하여 공유하는 수업은 뉴미디어에 익숙하지 않은 교사에게 학생이 직접 정보를 전달하는 형태를 띤다. 교사가 학생의 문화를 이해하는 시간을 마련할 수 있다. 추천을 통해 단순히 교사가 학생의 문화를 통제하려는 것이 아닌 공감 및 공유하려는 태도를 취함으로써 차별과 혐오 표현을 재생산하는 콘텐츠에 대한 비판으로도 이어가기 쉽다. 분류 기준을 교사와 함께 정하고 그 기준에 따라 추천할 수 있는 채널을 제시하도록 한다. 추천과 비판을 통해 무엇이 차별적 요소인지 이해하고 학생은 사회적 소수자 및 차별의 의미를 알 수 있다. 이를 바탕으로 매체를 통한 사회적 소수자에 대한 다양한 차별 양상을 파악할 수 있다.

● **학생 모의 법정**: 온라인 상에서 일어나는 여러 사건을 단순히 감정적으로 접근하여 나쁜 행동을 하면 안 됩니다 같은 구호성 계도 수준을 넘어, 사이버 명예훼손, 모욕죄, 성범죄 등의 처벌 관련 법안을 함께 읽어보고 실제 일어난 사례를 가지고 재판을 진행해보는 수업이다. 학생이 올바른 기준에 공감하여 내면화하는 시간이 될 수 있다. 이를 통해 현대사회에서 언어와 매체 언어의 가치를 이해하고 언어문화와 매체문화의 발전에 참여하도록 유도할 수 있다. 중등 보건 교과, 고등 언어와 매체 교과와 연계 가능하다.

● **광고 비판하기**: 기존 매체와 SNS에 올라오는 광고를 직접 수집하여 점검하고 고쳐보는 수업이다. 특히, SNS에 게재되는 광고는 TV나 지면광고에 비해 규제 기준이 매우 낮아 적절하지 않은 광고를

발견하기 쉽다. 평소에 학생이 자주 접하는 플랫폼에서 볼 수 있었던 광고를 수집하고 직접 비판할 수 있다. 공익 광고나 정부기관 홍보물과 같은 자료를 분석하거나, 같은 업체에서 만든 광고의 변천사를 훑어보는 수업을 통해 광고가 사회상을 반영하고 있음을 인지하도록 지도하는 방식도 가능하다. 차별, 폭력, 혐오를 주제로 삼은 광고에 대한 비판과 함께 잘 만들어진 광고를 찾아 광고대상 시상식을 진행해보는 수업을 통해 좋은 미디어의 기준을 학생들 스스로 고민할 수 있도록 이끌 수 있다.수업안 예시 1

● **대중가요 가사 분석하기**: 인기 있는 가요의 가사에서 문제점을 찾고 비판하는 수업이다. 단순 비판을 넘어 분류하기 수업을 진행할 수도 있다. 크게 여성혐오, 비속어, 폭력문화, 선정성 등으로 분류해 볼 수도 있고, 여성혐오적인 가사 내에서도 여성의 수동적인 모습을 강조(여자가 쉽게 맘을 주면 안 돼. 그래야 네가 날 더 좋아하게 될걸), 여성에 대한 고정관념을 강화(보통 여잔 명함도 못 내밀고 끼리끼리 뭉쳐 네 험담을 나누겠지), 여성성 자체를 비하(딸내미 저격 산부인과처럼 다 벌려/계집애처럼 왜 그래), 여성 대상 범죄의 심각성 경시 등 여러 가지로 분류해볼 수 있다. 분류를 통해 대중매체를 통한 성 상품화가 섹슈얼리티에 미치는 영향을 토론하여 비판적 대안을 제시할 수 있다.수업안 예시 2

국어 6-1	3. 짜임새 있게 구성해요 〈국어〉 138~142쪽	______초등학교 6학년 __반 __번 이름 ________

*다음은 윌리엄 스타이그의 책 『어른들은 왜 그래?』의 일부입니다. 물음에 답하여 봅시다.

1. 위의 그림책에 나오는 말들에 공감할 수 있나요? 어떤 부분이 공감되었는지 써 봅시다.

2. 어른들의 말이나 행동에 상처받은 적이 있나요? 어떤 말과 행동에 상처받았는지 돌이켜 봅시다.

예) '초딩이냐? 애 같이 왜 그래?'

---

3. 위의 말에 대응할 수 있는 표현을 생각해보고 친구들과 이야기 나누어 봅시다.

---

*다음 글을 읽고 물음에 답하여 봅시다.

(가) 아동 또는 아동을 동반한 보호자의 출입을 금지하는 식당·카페 '노키즈존'을 두고 갑론을박이 뜨겁다. 노키즈존은 아동과 기혼여성에 대한 차별적 발상이며 이들에 대한 혐오를 담고 있다. 노키즈존은 '모든 아이들이 공공장소에서 타인에게 피해를 준다'는 일반화에서 나온 명백한 아동 차별적 처사라는 것이다. 실제 통계를 살펴보면 경찰이 적발한 '갑질' 가해자의 90%가 성인 남성이고 그중 대다수가 40~50대였다. 사회적 문제로 따지면 다 큰 어른 진상 손님부터 해결해야 하는 것 아닌가. 그럼에도 불구하고 힘없는 아이와 여성에게만 제재를 가하는 것은 결국 약자인 아동과 기혼여성을 향한 혐오이다. 지난해 11월 국가인권위원회는 제주의 한 식당이 아동 동반 손님의 출입을 금지한 것은 '합리적 이유가 없는 차별행위'라며 시정을 권고한 바 있다.

(나) 최근 청소년 범죄를 다룬 뉴스 댓글에는 '요새 애들 무섭다'라는 말이 정말 많다. '애라고 봐주지 말고' 무겁게 처벌해야 한다든지, 요새 애들은 영악해서 소년법을 이용해 흉악 범죄를 스스럼없이

저지르고 다닌다는 의견이 많은 동의를 받아 댓글 최상단에 올라온다. 통계를 살펴보면 최근 들어서 청소년 범죄가 심각해졌다는 주장은 거짓이다. 인터넷과 언론이 발달해 청소년범죄 사례가 빠르고 선정적으로 알려지고 있기 때문에, 아이들이 전보다 흉포해졌다는 착시효과가 발생한다. 10대가 범죄를 저지르면 거의 대부분 '무서운', '잔인한' 등의 꼬리표를 붙인다. 그러나 통계적으로 우리나라에서 가장 범죄를 많이, 또 심각한 형태로 저지르는 연령대는 40대이다. 하지만 기사에서 '40대가 무섭다'는 표현을 사용하지는 않는다.

(다) '사랑의 회초리'는 명백한 폭력을 사랑의 이름으로 포장한다. 체벌한 사람은 아이를 때리는 사람이다. 그러나 국민 10명 중 5명은 체벌을 물리적 폭력으로 인식하지 않는다. '사랑의 매'는 폭력이 아닌 훈육에 해당된다는 국민들이 여전히 많다는 것이다. 체벌의 유해성을 연구해온 심리학자 엘리자베스 거쇼프는 자동차 안전벨트에 비유해서 설명했다. 성인의 상당수는 자동차 안전벨트가 없던 시절에 자랐다. 하지만 누구도 안전벨트가 없었던 덕분에 내가 잘 자랄 수 있었다고 말하지 않는다. 안전벨트가 없었음에도 불구하고 무탈하게 자랐다고 말해야 한다. 마찬가지로 부모의 체벌 덕분에 내가 괜찮은 사람이 되었다고 말해서는 안 된다. 부모의 체벌에도 불구하고 나는 괜찮은 사람이 되었다고 말해야 한다.

1. 어린이를 대하는 사회의 태도에 대한 나의 생각을 정리하여 글로 써 봅시다.

수업안 예시 2

국어 6-1	1. 비유하는 표현	______초등학교 6학년 __반 __번 이름 ______
	〈국어〉 40~43쪽	

*다음 가사를 읽고 물음에 답하여 봅시다.

이런 내가 나도 낯설어
정신 차리려고 노력해도
㉠ 남자답지 않게 실없이 웃어

_빅스, Someday

㉡ 여자가 쉽게 맘을 주면 안 돼
그래야 네가 날 더 좋아하게 될걸
여자니까 이해해주길

_트와이스, Cheer up

음식을 눈으로 먹냐 ㉢ 여자애들처럼
사진 좀 찍지 마 내 입맛 떨어져
또 업뎃하기 바쁘겠지

_방탄소년단, 핸드폰 좀 꺼줄래

엄마 빼고 ㉣ 여잔 다 여우란다
제대로 물렸어 너는 뱀 중에 꽃
처음 물린 첫사랑이 꽃뱀일 줄

_비투비, Happening

모두 ㉤ 널 작품이라고 불러
㉥ 보통 여잔 명함도 못 내밀고
끼리끼리 모여 네 험담을 나누겠지

_블락비, Her

㉦ 남자라면 정면승부가 답이지
넌 나의 최고의 ㉧ 트로피
나만의 자랑거리

_갓세븐, HOME RUN

1. 위의 노래 가사는 어떤 문제를 담고 있나요?

㉠	성별 고정관념 강화
㉡	여성의 수동적인 모습 강조
㉢	성별 고정관념 강화
㉣	여성에 대한 일반화
㉤	여성을 물건 취급
㉥	여성에 대한 편견, 여자의 적은 여자 프레임
㉦	성별 고정관념 강화
㉧	여성을 물건 취급, 대상화

2. 이러한 가사의 노래가 유행할 수 있었던 이유는 무엇일까요?

우리가 살아가는 사회가 성차별적인 고정관념을 반영하고 있기 때문입니다.

---

3. 제시된 노래 가사를 성평등한 관점으로 다시 고쳐 써 봅시다.

---

4. 위의 노래 가사에 드러난 문제점을 고려하여 성평등한 관점이 반영된 노래 가사를 찾아봅시다.

모든 게 나에게 여자가
여자다운 것을 강요해
내게 강요하지 마
틀에 갇혀버릴 내가 아닌 걸
내게 강요하지 마
틀에 갇혀버릴 내가 아닌 걸
내 모습 그대로 당당하고 싶어
그늘에 갇혀 사는 여자를
기대하지 마

_보아, Girls On Topr

나로 말할 것 같으면
자신감 있는 여자
자신 있으면 나를 따라 해도 돼
뒤따라와
화장은 옅게 귀찮으니까
이런 내 모습 부모님께 감사해
편한 게 좋아 그게 나니까
V라인보다 동그란 내 얼굴이 좋아
나만의 Some special thing
쌍꺼풀 있는 눈매보단
나는 내 눈 무쌍이 좋아

_마마무, 나로 말할 것 같으면

5. 성차별적인 가사가 담긴 노래가 유행하지 않게 하려면 음악을 듣는 소비자의 입장에서 어떻게 하면 될까요?

카드뉴스 평가하기

_____초등학교 __학년 __반 __번 이름 _________

*자기 평가하기

평가문항	매우 잘함	보통	노력이 필요함
대중가요 가사를 비판적 관점으로 분석하는 토의에 적극적으로 참여했는가?			
대중가요 가사에 드러난 성차별적 문제를 비판하는 카드뉴스를 제작할 수 있는가?			
문제 해결 방안 탐색을 위해 모둠원과 협업하여 결과물을 만들어낼 수 있는가?			

*모둠 평가하기

모둠 이름	

평가문항	매우 잘함	보통	노력이 필요함
대중가요 가사의 성차별적인 문제점과 해결 방안이 잘 드러나는가?			
전달하고자 하는 메시지가 잘 드러나도록 효과적으로 구성되었는가?			

모둠 이름	

평가문항	매우 잘함	보통	노력이 필요함
대중가요 가사의 성차별적인 문제점과 해결 방안이 잘 드러나는가?			
전달하고자 하는 메시지가 잘 드러나도록 효과적으로 구성되었는가?			

모둠 이름	

평가문항	매우 잘함	보통	노력이 필요함
대중가요 가사의 성차별적인 문제점과 해결 방안이 잘 드러나는가?			
전달하고자 하는 메시지가 잘 드러나도록 효과적으로 구성되었는가?			

● **역할놀이 활동**: 온라인 게임 등 게임을 하는 중에 겪을 수 있는 여성혐오적 상황에서의 대처법을 공유하는 수업이다. 초등학생은 게임 도중 연령에 대한 비난을 받는 경우가 잦으며 그러한 혐오에 항의할 수 없어 불쾌감을 느끼기도 한다. 따라서 이 수업은 교사와 또래집단의 도움을 통해 이러한 혐오에 대응하고 혐오를 내재화하지 않도록 이끌 수 있다. 학생은 자신이 지닌 약자로서의 특성을 공론장에 올리는 것으로 사회적 소수자의 입장에 공감할 수 있다. 이를 통해 사회적 소수자에 대한 편견과 차별의 발생 원인에 대한 다양한 관점을 파악하고, 토의 등을 통해 사회적 소수자 차별 문제의 해결 방안을 도출한다. 혐오와 차별에 대한 문제를 인식하여 이를 재생산하지 않고자 하는 태도를 길러줄 수 있다.

● **토의/토론 프로젝트 학습**: 미디어 비판 수업에 국한하지 않고 다양한 차별과 혐오에 대해 논의해볼 수 있다. 학생들의 의견과 인식 수준을 파악하여 생활지도와 연계할 수 있는 주제를 제시할 수 있다. 게임 내 성차별 사례 찾아보기, 아이돌은 상품인가?, 대중가요 가사의 표현의 자유는 어디까지 허용되어야 하는가?, 아이돌 팬덤의 앨범 대량구매, 조공, 투표문화는 팬덤의 노동착취일까? 등과 같은 주제에 대해 토론하며 학생들은 자신이 향유하는 문화에 대해 돌아보고 나름의 가치관을 수립하게 된다. 이때, 토론 주제 선정과 수업 방식에 유의해야 한다. 차별과 혐오가 명백한 사회적 현상에 대해 찬반 토론으로 수업을 이끌면 학생이 그 주제에 대해 의견이 갈리는 것이 정당하다고 받아들이게 되는 계기를 마련해줄 수 있기 때문이다.

② 혐오와 차별에 대한 비판적 성찰을 가능하게 하는 수업 재구성

● **정상가족 신화에 대한 비판**: 학생들에게 다양한 형태의 가족을 소개하며 '정상가족'이라는 고정관념을 깰 수 있게 이끈다. 이것은 학생의 성역할 고정관념에서 비롯한 차별과 혐오 표현을 지도하기 위한 수업의 일환이다. 교실 안에서 드러나는 다양한 혐오 표현 가운데 가족 구성원의 존재와 부재를 공격 수단으로 삼는 양상을 흔히 관찰할 수 있다. 이는 사회에 널리 퍼져 있는 정상가족신화에서 기인한 것으로, 이러한 편견을 해소하고 특정한 형태의 가족 구성원이라는 이유로 공격과 조롱의 수단이 되어서는 안 된다는 것을 내재화할 수 있다.

교실 안 구성원이 속해 있는 가정의 형태 역시 다양할 수 있으며, 자신이 속해 있는 가족 형태와 다른 유형의 가족에 대한 편견에서 벗어날 수 있도록 주제를 제시한다. 현재 학생이 속해 있는 가족이 아닌, 미래에 자신의 의지로 꾸릴 가족에 대한 이야기 위주로 진행하여 여러 가지 형태의 가족에 대한 의견이 서로를 존중하는 방식으로 제시될 수 있도록 이끈다.

또한 이와 연계하여 가족 구성원의 권리까지 이어지는 수업을 구성할 수 있다. 가족 구성원 가운데 일부만 수행해야 했던 의무나 책임에 대해 논의하는 과정을 통해 성역할 고정관념에 대해 고민하는 계기가 될 수 있다. 가정에서 형성된 성역할 고정관념은 교실 안의 구성원에게도 같은 역할 부여로 이어지기 쉽다. 성역할 의식 형성

시기에 있는 학생들에게 이러한 주제의 수업을 함으로써 성 차별적 사고로 이어지지 않도록 유도할 수 있다. 초등 실과, 중·고등 기술·가정 교과와 연계 가능하다.

● **외모지상주의에 대한 비판적 성찰**: 여학생의 12.8%, 남학생의 8.7%가 외모에 대한 고민을 하고 있으며[34], 2012년 섭식장애 환자 증가 18.8%(2008년 대비), 여성은 남성의 9배[35], 부적절한 방식으로 체중조절을 시도한 청소년은 고등학교 여학생 20.2%, 중학교 여학생 16.7%, 고등학교 남학생 12.7%, 중학교 남학생 11.2%[36]로 나타났다. 이와 같은 통계 결과를 살펴볼 때, 여학생에 대한 사회적 외모 압박과 자아 형성에 대한 영향은 심각한 문제이다.

교실 안에서 두드러지게 나타나는 혐오 현상이 외모에 관련된 것임을 고려할 때, 이는 학교 안 혐오 현상 극복을 위해 필수적으로 다루어져야 할 부분이라고 말할 수 있다. 여학생의 경우 학생으로서 갖춰야 할 단정함, 꾸밈에 대한 제재와 여성으로서 갖춰야 할 꾸밈 강요를 동시에 겪고 있다. 그러므로 이 두 가지 요구가 교차하는 지점을 이해하고 아름다움에 대한 강박이 고착화되지 않도록 수업과 생활지도에서 섬세한 접근이 필요하다.

다음으로 제시할 수업은 국어과와 연계하여 글쓰기 방식으로 진행할 수 있다.수업안 예시 3

---

34. 통계청, 2016
35. 건강보험심사평가원, 2013
36. 청소년 건강행태 온라인 조사 결과, 2015

수업안 예시 3

국어 5-1	5. 대상의 특성을 살려	____초등학교 5학년 __반 __번 이름 ______
	'나 관찰하기' 〈국어〉 113~116쪽	

1. 나의 눈에 대해 설명해 봅시다.

____

____

2. 나의 입에 대해 설명해 봅시다.

____

____

3. 나의 팔, 다리에 대해 설명해 봅시다.

____

____

4. 설명 방법을 나타내는 여러 가지 틀을 떠올려 봅시다. 그 틀 가운데서 하나를 골라 쓰려는 글의 내용에 맞게 그림으로 그리고, 쓸 내용을 조직하여 봅시다.

5. 4에서 조직한 내용을 바탕으로 나에 대해 설명해 봅시다.

6. 짝의 글과 바꾸어 읽어보고 나의 글과 어떤 차이가 있는지 생각해 봅시다.

국어 5-1	보통의 여자, 보통의 남자	______초등학교 5학년 __반 __번 이름 ________
	10. 글쓰기의 과정	

1. 보통의 남자와 보통의 여자에 어떤 차이점이 있나요?

____

____

____

____

2. 이러한 차이가 있는 이유는 무엇이라고 생각하나요?

____

____

____

____

3. 수업에서 느낀 점을 작성해 봅시다.

____

____

____

____

____

____

____

____

____

국어 5-1	10. 글쓰기의 과정	______초등학교 5학년 __반 __번 이름 ________
	'주장하는 글 쓰기' 〈국어〉 253~256쪽	

*다음 가사를 읽고 물음에 답하여 봅시다

화장과 불편한 옷 등을 벗어던지겠다고 선언하는 여성들이 빠른 속도로 늘고 있다. '꾸밈노동', '꾸밈노역'이란 신조어도 등장했다. 그간 당연하게 여겨졌던 여성들의 외모 단장이 '노동'으로 불리는 것이다. 여성에게만 가해지는 사회적 억압을 벗어나자는 '탈(脫)코르셋' 운동의 한 흐름이다. 탈코르셋을 외치는 이들은 여성에게만 적용되는 엄격한 외모 잣대에서 여성들이 자유로워져야 한다고 말한다.

직장인 한모(28·여)씨는 "유튜브를 보면 '티 안 나는 헬스장 메이크업' '생리기간 생기를 돋구는 메이크업' 같은 영상들이 있다. 이런 것을 '자기관리'로 포장하지 말고 여자들이 먼저 나서서 타파해야 한다"라며 "화장 안 한 여자에게 '아파 보인다' '입술 좀 발라라' '등의 말을 서슴지 않는 이상한 사회 분위기도 문제"라고 일갈했다.

_뉴시스 2018. 06. 03.

조한혜정 연세대 명예교수는 "남성 중심의 가부장제 사회에서 과거 여성들은 힘을 갖기 위해 문화나 제도를 바꾸기보다 '사회가 원하는 모습'대로 맞춰 살아가는 데 집중했고 소비시장에서도 여성들에게 '예쁘지 않으면 지는 거다' 식의 인식을 주입해왔다"고 지적했다.

여성들이 많이 활동하는 온라인 커뮤니티에서는 '어디까지가 코르셋인가'에 대한 논쟁도 활발하다. "꾸미는 건 자기만족이다" "무조건 숏커트만 하면 자유로워지는 건가" 등 탈코르셋에 의문을 제기하는 시선부터 "그것 또한 코르셋에 갇힌 시각이다"라는 주장까지 다양한 의견들이 오간다.

_중앙일보 2018. 06. 03.

20대 학생 신영은 씨에게 화장은 취미 중 하나다. 10대 때부터 조금씩 해왔던 화장 기술은 해를 거듭할수록 늘었고 화장품 수도 많아졌다. 화장을 어떻게 하느냐에 따라 달라지는 얼굴을 보는 게 재미있다. 하지만 최근 화장이 여성을 억압하는 대표적이 코르셋이라는 의견을 접하게 되면서 고민에 빠졌다. 화장이 코르셋이라는 점은 인식하지만 자신에겐 삶에서 빼놓을 수 없는 즐거움이다.

탈코르셋 운동이 빈번해지면서 일어나는 딜레마도 있다. 화장, 렌즈, 긴 머리 등 코르셋이라고 불리는 것들을 선택하는 이와 탈코르셋에 동참한 이들의 갈등이다. 온라인 상에서 탈코르셋 운동이 번지면서 동참하지 않는 이들을 비판하는 목소리도 간간히 등장하고 있다. 모든 여성이 코르셋을 벗어야 하나에 대한 의문도 든다.

_해럴드경제 2018. 04. 26.

화장은 개인의 만족이다.	화장은 사회가 여성을 억압하는 것이다.

VS

1. 화장과 꾸밈에 대한 나의 입장을 생각그물로 표현하여 봅시다.

2. 생각그물을 바탕으로 나의 주장과 근거를 써 봅시다.

주장:

근거:

•

•

•

•

•

3. '화장하는 것, 꾸미는 것'을 주제로 주장하는 글을 써 봅시다.

국어 5-1	12. 문학에서 찾는 즐거움	______초등학교 5학년 __반 __번 이름 ________
	거울앞에서 너무 많은 시간을 보냈다	

*말하는 이의 관점을 생각하며 다음 시를 읽어 봅시다.

어린 딸이 나에게
자신이 예쁘냐고 묻는다면
마치 마룻바닥으로 추락하는 와인잔같이
나의 마음은 산산조각 나겠지.
나의 마음 한편으로는 이렇게 말하고 싶을 거야.
당연히 예쁘지, 우리 딸. 물어볼 필요도 없지.

그리고 다른 한편으로는
발톱을 치켜세운 한편으로는
그래 나는
딸아이의 양 어깨를 붙들고서는
심연과도 같은 딸아이의 눈 속을 들여다보고는
메아리가 되돌아올 때까지 들여다보고는
그러고는 말하겠지.
예쁠 필요 없단다. 예뻐지고 싶지 않다면 말이야.
그건 네 의무가 아니란다.

*심연 : 깊은 연못

*시를 읽고 물음에 답하여 봅시다.

(1) 이 시에서 말하는 이는 누구인가요?

(2) 말하는 이는 어떤 관점을 가지고 있나요?

(3) 이 시에서 말하는 이가 우리에게 전달하고 싶어 하는 것은 무엇인가요?

*이 시를 나의 관점으로 바꾸어 생각하여 봅시다.

(1) 나는 내 외모에 대해 어떻게 생각하나요?

(2) 다음 시를 읽어 봅시다.

나는 세상을 호령하겠다는 의지를 불태우곤 한다.
이런, 그 전에 내 눈썹 좀 다듬고, 다리털도 밀어야지.
모공도 깨끗이 하고, 피부 관리도 좀 받아야지.
머리도 빗고, 손톱에 매니큐어를 칠해야겠어.

거울 앞에서 너무 많은 시간을 보내고 있어.
잡지를 열 때마다 해야 할 일이 또 있는 것 같아.
평범해 보이려고 노력하고 있고, 너무 피곤해.

_시완 클라크, 겨드랑이의 노래 中

이 시에서 말하는 이가 우리에게 전달하려는 것은 무엇인가요?

*앞에서 생각한 내용을 바탕으로 나의 관점으로 바꾸어 짧은 시를 써 봅시다.

나 관찰하기

학생이 자신의 신체를 인식하는 관점을 인식할 수 있도록 이끄는 수업이다. 자신의 신체에 대해 직접 서술해보도록 하고, 이 서술이 외모에 관한 것인지 기능에 관한 것인지에 따라 분류해보도록 한다. 어느 쪽에 더 치우친 서술인지 검토해보고 이것이 사회적 분위기와 어떤 관련이 있을지 문제의식을 공유하도록 이끈다. 외모에 대한 서술 비중이 클수록 본인의 신체를 부정적으로 보고 있지 않은지 스스로 돌아보게 할 수 있다.

보통의 여자, 보통의 남자

평범한 여자와 남자의 그림을 그려보게 하는 것으로 시작한다. 특별히 아름답거나 잘생긴 사람이 아닌 평범한 인물을 그렸을 때 평범하다는 기준이 성별에 따라 차이가 있음을 인식하는 것이 목표인 수업이다. 학생들은 본인이 그린 여성과 남성이 평범함의 상태에 도달하기 위해 각각 어느 정도의 꾸밈 비용과 시간을 소비하였는지를 생각해볼 수 있다. 이러한 차이가 어디에서 기인했는지, 그 차이가 어떠한 결과를 가져올지 고민해보는 과정을 통해 여성에게 부과된 꾸밈노동의 문제점을 인식할 수 있다.

꾸밈은 사회의 억압일까?

'보통의 여자-보통의 남자' 수업을 마친 학생들에게 여성의 꾸밈노동이 개인의 만족인가? 아니면 사회가 부과한 억압인가?라는 주제를 제시할 수 있다. 다만 이 주제로 토론수업을 진행하는 것은 적절하지 않다. 자칫 꾸밈노동을 교실에서 화장하는 여학생에 국한하여 여학생 개인을 비판하는 흐름으로 이어질 수 있기 때문이다. 화장뿐만 아니라 여성에게 가해지는 여러 가지 꾸밈노동 압박을 미디어에서 어떻게 다루고 있는지 비판적으로 분석해보는 것이 필요하다. 섭식장애를 겪는 여성, 여아용 장난감에서 찾을 수 있는 화장품, 아동복 모델의 성적 대상화, 여성 연예인과 방송산업이 만들어내는 여성 이미지, 패션업계가 런웨이 모델에게 가하는 체중조절 압박, 여학생 교복과 남학생 교복의 차이, 화장품 산업, 아름다움을 판매하는 광고, 서비스업 종사자가 수행해야 하는 꾸밈, 뉴스 진행자의 성별 차이에 따른 외양 차이 등 여러 가지 사회적 맥락을 해석할 수 있도록 교사가 가이드를 제시할 수 있다.

아름답지 않아도 될 권리

일상적으로 오가는 바디토크(몸, 외모를 주제로 한 대화)에 대해 돌아보는 계기를 제시하는 수업이다. 사회적 맥락에 이어 개인의 경험을 되짚어보는 것으로 연결하고 외모 강박에서 벗어날 용기를 주는 수업이 될 수 있다. '어떤 모습이라도 아름답다'라는 메시지가 아닌 '아름답지 않아도 상관없다'는 주제를 전달할 수 있다. 하루 동안 거울을 보는 횟수를 세어보고, 거울을 보는 것이 자신을 평가하기 위함이며 평가라는 행위 자체가 단점을 찾아내는 과정임을 생각해 보게 한다. 일정 기간 동안 거울을 보지 않는 프로젝트를 제시할 수도 있다.

동화 속 악당은 왜 못생겼을까?

콩쥐팥쥐, 신데렐라와 같이 추한 외모가 악역의 특징으로 나타나는 작품이나 박씨전, 개구리 왕자, 미녀와 야수, 미운 오리 새끼와 같이 외모 변화가 보상으로 주어지는 작품을 찾아보고 이에 대한 비판적 해석을 제시하는 수업이다. 외모를 등장인물의 성격적 특징과 연결하여 클리셰처럼 사용하는 것이 어떤 문제를 담고 있는지 토의해볼 수 있다. 기존의 고전작품들의 문제점을 그대로 담고 있는 현대 미디어물에 대한 비판과 함께 진행하는 것도 좋다.

2. 학교 민주주의 실현과 성평등교육 실시

1) 학교 전반의 운영에 있어서의 변화

학교 운영에 있어 개선해야 할 지점은 성별 이분법이 필요하지 않은 영역에도 그러한 구분을 하고 있는 것에 대한 검토와 개선이다. 우선적으로는 학생들의 번호를 부여함에 있어 성별이 그 기준이 되는 관행을 시정해야 한다. 남학생들에게 먼저 번호를 부여하고 그 뒤에 여학생들의 번호가 시작되는 관행은 무의식중에 남학생이 여학생에 비하여 우선할 수 있음을 학습시킬 수 있다. 서울시교육청은 2017년에 세계여성의날을 맞아, 초·중·고교에 〈여학생 인권 보장의 학교문화 조성을 위한 안내문〉을 보냈다. 이 안내문에는 출석 번호 정하는 방식(성별, 생년월일, 이름 가나다 순)을 다양하게 적용하는 것도 포함되어 있다. 2005년에 국가인권위원회 권고에 따르면, '남학생은 앞 번호, 여학생은 뒤 번호'의 출석부는 성차별이기 때문이다.

이외에도 성별 구분이 필요하지 않은 부분에 대한 점검과 시정 노력이 필요하다. 예컨대, 영국 이스트 서식스 주의 한 중학교는 2017년 9월부터 젠더뉴트럴 교복을 입게 했다. 남학생과 여학생 모두 바지 교복을 입기로 한 것이다. 2018년 4월에 개교를 한 일본 지바현의 한 중학교는 젠더리스 교복을 입기로 했다. 여성과 남성으로 구분되어 있는 교복 제도 하에서는 성소수자 학생들이 곤란을 겪기 때문이다.[37] 최근에는 국내에서도 사이즈가 작게 나오는 여학생 교복의 불편함을 이유로 젠더리스 교복의 필요성이 제기되기도 했다.[38]

성별 구분을 엄격하게 하는 것은 학생들을 여성 혹은 남성으로 이분화시키고 성별 고정관념에 따른 성역할을 고정화, 강화시키는 힘을 갖는다. 성별 고정관념이 강한 사회는 소위 정상적인 여성 혹은 남성에서 벗어나 있는 존재에 대한 차별과 혐오가 빈번하게 일어나는 사회이다. 학교 운영에 있어 성별 구분이 필요하지 않는 영역을 찾아내고 관행을 시정하는 일은 성소수자 학생들을 비롯하여 대다수의 학생들이 타고난 젠더로부터 자유로운 행동과 선택을 할 수 있도록 할 것이다.

2) 교과서 개정과 페미니즘 교육

교과서 개정

학교에서 시수를 별도로 마련하여 평등교육, 차별금지교육을 하는 시간도 필요하겠으나, 가장 좋은 것은 교과서의 지문과 삽화가

37. 이혜영(2018). 일본서 남녀구분 없앤 '젠더리스 교복' 관심 고조. 연합뉴스, 2018.3.16.
38. 서유정(2018). "답답한 교복 바꿔주세요… 젠더리스 추구" MBC 뉴스데스크 2018.6.25.

평등하고 차별적이지 않은 것이다. 더불어 혐오와 차별에 대처하는 수업을 진행할 수 있는 제도의 개선이 필요하다. 이를 위해 젠더감수성을 비롯한 인권감수성을 지닌 집필진을 구성하여 교과서를 지속적으로 개정하고 편찬해야 한다.

우선, 교과서에서 혐오와 차별 문제를 다룰 수 있게 개정되는 것이 필요하다. 기계적 평등이 아니라 성차별을 비롯한 다양한 차별이 발생할 수밖에 없는 구조 또한 교과서에서 다루어야 한다. 뿐만 아니라 현 교과서 가운데 차별적인 요소들은 없는지 검토하고, 있다면 개정이 필요하다.

페미니즘 교육

페미니즘 교육을 의무화 하자는 청와대 국민청원에 동의하는 사람이 20만 명을 넘겼고, 이에 대한 교육부의 답변도 나왔다. 교육부는 초·중등학교 인권 실태를 조사하고, 페미니즘 의제를 인권교육에 통합시켜나가는 방향으로 개선할 것이라고 했다. 그러나 여전히 구체적인 정책 실행으로 이어지지는 않고 있다.

학교 안에서 벌어지는 심각한 여성혐오 문제를 극복하기 위해서 페미니즘 교육은 필수이고 시급하다. 그리고 선언적인 교육에 머물지 않도록 장기적이고 체계적인 계획의 도출이 필요하다.

그런데 연구 결과에서도 드러난 바와 같이, 학교 안 차별과 혐오 현상을 둘러싼 여학생과 남학생의 인식과 행위 양상은 매우 다르다. 여학생들은 여성의 외모에 대한 평가와 모욕적인 혐오 표현, 여성의 성을 대상화하는 언행, 성희롱 등을 경험하는 동시에 온라인 미디어

등을 통해 접하는 페미니즘적 가치관과 지식으로 평등과 차별에 대한 감수성이 높은 편이다. 이에 반하여 남학생들은 자신들의 상황에 대한 억울함과 피해의식 때문에 여학생들을 대립적인 상대로 여기는 경향이 있으며, 이것이 반反 페미니즘 정서로 연결되기도 한다. 그리고 학교 안에서 남성성을 매개로 하는 인기 위계화는 새로운 형태의 남성성을 구성하고, 지배적이고 저항적인 문화적 코드를 곧 남성성과 동일시하는 모습을 보여주기도 한다.

이러한 성별 차이는 학교에서 실시할 페미니즘 교육의 내용과 형식에 필수적으로 반영되어야 한다. 이를 위해서 학교 안 비대칭적 성별 상호작용과 문화에 대한 구체적이고 깊이 있는 이해와 연구가 선행되어야 하고, 그 결과가 페미니즘 교육에 체계적으로 반영되어야 한다.

3) 학생 생활과 인권 문제의 개선

학생 인권을 보장하는 방향으로의 복장 및 외모 규정 개선

경기도의 학생인권조례 제11조 '개성을 실현할 권리'에 따르면 학생은 "복장, 두발 등 용모에 있어서 자신의 개성을 실현할 권리를 가진다" 그리고 "학교는 두발의 길이를 규제하여서는 아니 된다." 그런데도 실제 학교에서 적용되는 학교생활규정은 복장, 두발 등의 외모 관련 규율이 실재한다. 학생인권조례에서 보장하는 개성 실현의 권리를 보장하기 위해서는 복장과 두발 등 용모와 관련된 모든 사항을 자율화해야 한다.

복장과 외모는 학생 개개인의 섹슈얼리티를 규정하고 억압하는 대표적인 기재이다. 화장과 두발, 복장 등을 학생 개인의 개성에 따라 선택할 수 있는 자유의 보장은 '학생다움'을 규정하고 여기에서 벗어나는 학생들에 대해 통제하는 학교의 위계적인 권력을 내려놓는 일이기도 하다. 학교의 통제 권력은 학생들 간 차별과 배제, 혐오를 양산하는 중요한 맥락이기도 하다.

물론, 복장과 외모 관련 규율을 자율화한다고 해서 학교 안 여성혐오를 비롯한 혐오 현상이 사라지는 것은 아닐 것이다. 학생들이 학교로부터의 통제에서 벗어난다고 해서 외모와 복장을 둘러싼 차별적이고 상업주의적 관념과 실천으로부터 자유로울 수 없기 때문이다. 특히 대다수의 여학생들은 화장이나 외모 꾸미기와 관련하여 성차별적이고 남성중심적인 지배 담론을 내면화하고 있기 때문에 학교의 복장과 외모 통제가 없어진다고 해서 진정한 의미의 자율과 자유를 경험하기는 어려울 것이다. 그렇지만 학교가 '학생다움'을 기준으로 학생들의 외모와 복장을 통제하는 것은 여학생들 입장에서 두 가지 모순적인 규율을 동시에 받아들여야 하는 어려움에 처하게 한다.

> 화장을 하는 건 여학생들이잖아요. 그러니까 화장하는 걸 가지고 학교에서 통제를 하면 여학생들은 여성으로서, 학생으로서 동시에 압박을 받게 돼요. 그 압박이 셀 수밖에 없죠. 그런데 그 압박이 정반대의 이중성을 갖고 있어

요. 학생은 화장하면 안 된다, 근데 여자는 화장을 해야 된다! 이렇게요. 내용이 정반대잖아요. 그러니까 제가 어떤 관점으로 수업을 해도 일단 이전에는 그렇지 않았는데, 몇 해가 지난 지금은 똑같은 수업을 해도 여학생들 반응이 엉뚱하게 나와요. 그러니까 남성보다는 여성에게 가해지는 외모 압박이 확실히 좀 더 강하다는 걸 보여주는 수업을 하면 그래서 화장을 하지 말라는 거구나로 받아들여요. 그냥 있는 그대로의 메시지로 받아들이지 않고 학생으로서 그렇게 해야만 한다는 의무 같은 압박으로 받아들인다는 거죠. 그럼 여학생들 입장에서는 진짜로 화장하는 게 투쟁일 수도 있겠다는 생각이 드는 거예요. 자유의지로 하는 그것이. 그런 심정을 알아서 또 그냥 내버려두면 무한 멋대로 하려고 하고. 그래서 전 이것 한 가지만이라도 할 수 있는 환경이 됐으면 좋겠어요. 화장하는 게 진짜 자유면 학교에서도 화장한다고 구박하는 어른이 없었으면 해요. 이렇게 애들한테 자유가 주어져야 화장을 하든, 안 하든 아이들이 자기 자신을 위해 스스로 선택을 내릴 수 있는 것이죠. 그렇지 않다면 자유도 없는 상황인데 거기다 대고 꼬리 내리라고 얘기하는 게 의미가 있나요? 오히려 저항감만 불러일으키겠죠. 집에서도 학교에서도 화장한다고 뭐라고 하는데, 아이들이 매일 접하는 온갖 대중매체는 화장을 하라고 부추기면서 화장 안 하는 애들을 찌질하다고 몰아가요. 이런 상황에서 아이들한테 어떤 교육을 해야 바람직할까요?

(교사 간담회)

여학생들이 여성으로서 이상적인 외모를 갖기 위해서 화장을 하는 게 교육적으로 권장할 일은 아니지만, 그렇다고 강압적으로 하지 못하게 금하는 것도 최상은 아니다. 오히려 학생들의 외모 꾸미기 실천과 인식을 수업으로 끌어들여 함께 고민하고 학습하며 토론하게 하면 더 나은 방향을 찾아가게 할 수 있다. 이러한 고민과 학습, 토론의 과정에 남학생들도 동참시킬 때 여학생의 외모에 대한 혐오 표현을 멈출 가능성이 높다.

학생들의 개성 실현 자유를 보장하는 것은 '학생다움'의 틀에서 벗어나 성별 고정관념과 복장에 대한 고찰, 외모 문화에 대한 자성 등을 학생 스스로 할 수 있는 기회와 지평을 여는 것이다.

저는 신체의 자유라는 측면에서 접근해야 체벌이나 폭력, 성폭력 이런 것에 대해서도 얘기할 수 있다고 봐요. 두발 자유니 화장도 이런 신체의 자유와 연관되어 있는 문제인데, 그것을 강제로 못하게 하거나 금하는 것은 신체의 자유 측면에서 아쉬움이 좀 있죠.

(전문가협의회)

또한 복장과 외모에 대한 규율이 자율화되면 학생들의 외모가 지금보다 더 개성있고 다양해질 것이다. 이는 성별 비대칭적인 외모 문화를 개선하는 계기가 될 뿐만 아니라 이질적인 것, 특이한 것 등에 대한 수용의 폭이 넓어질 수 있다.

단위학교별 인권구제시스템의 형성과 정착

학생들이 학교 안에서 혐오의 대상이 되거나 혐오 표현, 혐오 현상을 간접 경험했을 때 이를 문제제기하고 공론화할 수 있는 기제가 필요하다. 이를 위해서 시도교육청 차원에서 학교의 학생인권 담당자를 양성하고 교육하여 학교마다 지정하는 방안이 있다. 이 담당자는 학교 내에서 인권 관련 사안이 생겼을 때 누구든지 사건을 알리고 도움을 요청할 수 있는 창구의 역할을 담당한다.

현재의 학생인권조례에서도 제26조(상담 및 조사 등 청구권), 제39조(학생인권옹호관의 설치), 제41조(학생인권옹호관의 직무)에 따라 학생들의 인권침해 사항에 대한 구제 신청을 하고 상담 및 조치를 받을 수 있다. 이에 따라 연구 참여 학교에서도 1년에 1회 정도 학생인권조례와 학생인권옹호관 관련 가정통신문을 보내 이러한 제도를 홍보하기도 한다.

그러나 학생을 비롯한 구성원들이 인권침해 사실을 알리고 구제받을 수 있는 학생인권옹호관은 교육청에 소속되어 있기 때문에 학교에서 인권침해를 경험한 학생이 구제 신청을 하기는 쉽지 않다. 그리고 이 제도가 있다는 사실을 학생을 비롯한 구성원들이 제대로 인지하고 있지 못한 것도 사실이다. 실제로 인권침해 사안이 발생했을 때 학교 안에 학생을 비롯한 구성원들이 쉽게 접근할 수 있는 창구가 있다면, 혐오 현상에 대한 학생들의 대응도 보다 적극적일 수 있을 것이다.

학교의 학생인권 담당자는 지역별 네트워크를 통해 각 학교의 사례들을 공유할 수 있고, 이후 교육이나 장기적인 인권침해 예방 계획을 구상할 수도 있을 것이다.

학교 내 차별과 혐오 현상 관련 학생 모니터링단 운영

연구 참여 학교에서도 발견할 수 있었던 것과 같이, 학교 안 혐오 현상에 대한 일체의 제도나 학교 내 공식적인 담론이 없음에도 불구하고 학생들은 이에 대한 나름의 해석을 하고, 가용한 자원을 활용하여 혐오 현상에 대응하고 있다. 예컨대, 여학생의 외모에 대한 혐오 표현과 혐오 현상에 맞서 여학생들은 서로 지지하고 협력하며 연대한다. 그 결과 특정 혐오 표현에 대해 집단적 거부 분위기를 형성한다. 이는 학교 안 혐오 현상의 극복에 있어 학생들이 모종의 역할을 할 수 있으며, 대안적인 학교문화와 질서를 만들어가는 데 학생들의 잠재력을 보여준다.

이러한 맥락에서 학교 안 혐오 현상과 인권침해 상황에 대한 학생 모니터링단 운영을 고려해볼 수 있다. 혐오와 차별로 인한 인권침해 상황이 벌어졌을 때, 당사자인 학교 구성원들이 인권 구제를 위한 시스템에 어렵지 않게 접근하는 것도 중요하지만, 그것이 구체적인 사안이 되기 전에 학생들 스스로 진단하고 공론화할 수 있는 기제도 필요하다.

학생이든 교사든 학생인권지킴이 역할을 하게 하려면 인

권교육도 많이 시키고 권한도 주어져야 한다고 생각해요. 옛날 완장 찬 그런 권한이 아니라 인권 문제가 발생했을 때 자기보다 권력이 강한 사람한테도 문제제기를 할 수 있는 그런 권한이요. 예컨대, 교장선생님이 성희롱을 했다면 바로 얘기할 수 있어야 하고, 학생이라면 자기보다 센 학생이든 선생님이든 그 앞에서 당당하게 문제제기를 할 수 있어야 하는 거죠.

하지만 지금의 학교에서는 이렇게 할 수 있는 상황이 전혀 아니죠. 학교폭력 실태조사만 해도 물리적인 폭력이 있었냐, 아니냐 수준에 머물러 있잖아요. 그것보다 "네가 모욕감을 느낀 적이 있느냐?" 같은 질문이 필요하다고 생각해요. 우리 교실에서, 또는 학교에서 그런 일이 있었는지, 그 주체가 학생인지 교사인지 이런 것들을 묻고 답할 수 있어야 인권교육이 제대로 이뤄지지 않을까요? 저는 이것이 인권감수성이라고 생각해요. 누구를 가해자로 지목하고 고발하는 것이 목적이 아니라 그런 문제를 함께 토론하고 논의하는 장이 있어야 하고, 제각각 자기 목소리를 낼 수 있어야 한다는 거죠.

(전문가협의회)

학생인권 모니터링단에 속한 학생들에게 전문성 함양을 위한 교육을 실시하고, 학교 내 인권침해 관련 사안에 대한 조사와 논의에 대한 책임을 부여하는 것이다. 이러한 제도의 운영은 그 자체로 인권감수성 교육의 과정이 될 수 있고, 학생들 스스로 학교에서 발생할 수 있는 차별과 혐오 현상에 대한 예방, 대처, 대안적 문화 형성의 역량을 기르게 할 수 있다.

3. 평등하고 안전한 학교를 위한 교육정책 실행

1) 법률·제도의 개선

학교와 교실로 들어온 혐오 문제의 해결을 위해 중앙정부 차원에서 법률과 제도의 개선이 이루어져야 한다. 차별금지 조항이 헌법에 이미 명시되어 있음에도 불구하고 우리나라의 경우 포괄적인 차별금지법 제정에 대한 논의는 지지부진한 상황이다. 성별, 성정체성, 외모, 나이, 출신 지역 등에 차별이 여전하며 이러한 차별은 혐오의 모습으로 바뀌어 학교와 교실에 들어오고 있다. 장애인과 성차별에 대한 개별적인 차별금지법만으로는 한계가 있으며 다양하고 개방적인 사회 변화에 맞추어 포괄적인 차별금지법의 제정이 시급하다.

차별금지법差別禁止法은 성별, 성정체성, 장애(신체조건), 병력, 외모, 나이, 출신 국가, 출신 민족, 인종, 피부색, 언어, 출신 지역, 혼인 여부, 성지향성, 임신 또는 출산, 가족 형태 및 가족 상황, 종교, 사상 또는 정치적 의견, 범죄 전력, 보호 처분, 학력, 사회적 신분 등을 이유로 한 정치적·경제적·사회적·문화적 생활의 모든 영역에 있어서 합리적인 이유 없는 차별을 금지하는 법률이다(위키백과).

우리 사회에서 이미 하나의 현상으로 자리 잡은 성소수자, 미혼모, 난민, 북한이탈주민 등에 대한 차별을 금지하고 평등하고 안전한 사회를 만들기 위해서라도 차별금지법의 제정은 조속히 이루어져야 한다. 최근 사회적인 이슈가 되고 있는 미투 운동, 버닝썬 사태 등에서 볼 수 있는 여성혐오와 그릇된 성의식을 바로잡고, 사회 전반의 차별과 혐오의 문화를 바로잡기 위해서도 차별금지법의 제정이 이루어져야 한다.

한편, 학생의 존엄과 가치가 학교교육과정에서 보장되고 실현될 수 있도록 경기도교육청을 시작으로 광주, 서울, 전북교육청에서 학생인권조례를 제정하여 공포하였으며 최근 경상남도에서 학생인권조례의 제정을 논의하고 있는 중이다. 2010년 공포된 경기도교육청의 학생인권조례에는 차별받지 않을 권리, 모든 물리적、언어적 폭력으로부터 자유로울 권리, 정규교과 이외의 교육활동과 관련한 선택의 자유, 직·간접적 체벌 금지, 복장 및 두발 규제 금지, 학생 소지품 검사의 최소화, 양심·종교의 자유 및 표현의 자유, 자치 및 참여의 권리, 복지에 관한 권리, 징계 등 절차에서의 권리, 권리침해로부터 보호받을 권리, 소수 학생의 권리 보장, 인권교육, 인권실천계획, 학생인권옹호관의 설치 등의 내용을 담고 있다.

학생인권조례는 무상급식, 혁신학교와 함께 진보 교육감들의 상징적인 정책으로써 두발, 복장 제한, 폭력 등이 난무한 학교의 인권침해를 바로잡고 자유롭고 다양한 가치가 공존하는 학교를 만드는 데 기여했다는 평가를 받고 있다. 그럼에도 불구하고 학생인권조례는 전국 17개 시도 가운데 진보 교육감이 당선된 4개 교육청에서만 제정되었으며, 경남을 제외한 지역에서는 더 이상의 논의가 이루어지지 않고 있다.

학생인권조례의 양적인 확대 못지않게 질적인 심화 내지는 개선이 필요하다. 최근 학교들에서 확산되고 있는 스쿨미투 운동에서 보듯이 학생과 학생, 교사와 학생들 사이의 성희롱, 성폭력 문제가 심각한 상황이다. 경기도의 경우에도 조례가 제정된지 10년이 된 상황에서 일반적인 학생인권의 상황은 개선되었지만, 학생에 대한 교사의 성희롱 및 성폭력, 운동부 안에서의 인권침해와 성폭력, 교사들간 성희롱과 성추행 등의 문제는 개선되지 않고 오히려 악화되고 있는 실정이다. 뿐만 아니라 일베, 메갈 등 극단적인 조롱과 증오, 혐오가 학교와 교실 안으로 들어와 학생들 사이에 왜곡된 성의식이 확산되고 있어 이에 대한 대책이 시급하다.

2) 민주시민교육의 질적 전환

김상곤, 이재정, 조희연, 김승환 교육감 등 진보 교육감의 당선과 촛불혁명에 힘입은 문재인 정부의 출범에 따라 각 시도교육청마다 민주시민교육정책에 대한 관심과 확산이 이어지고 있다. 종래의 민주시민교육이 근대화된 국가의 시민을 길러내기 위한 사회적 실용

성에 입각한 소극적 시민성citizenship에 집중하였다면, 최근의 민주시민교육은 사회현상에 대한 비판적 사고력critical thinking을 바탕으로 사회문제의 해결과 참여를 중시하는 적극적 시민성을 강조하고 있다.

그럼에도 불구하고 각 시도교육청에서 추진 중인 민주시민교육의 내용은 학교교육에서 소수자의 인권을 강조하고 적극적 사회참여를 강조하는 적극적인 시민성을 강조하는 민주시민교육의 내용을 담아내지 못하고 있다.

가령, 전국 최초로 민주시민교육과를 설치한 경기도교육청의 경우, 학생인권조례 제정, 민주시민교과서 개발, 학교민주주의지수 개발 등을 통해 민주시민의식의 확산과 학교민주주의 확산에 기여한 바가 적지 않다. 그러나 최근 스쿨미투, 일베 등 학교에서 혐오문화가 확산되는 상황에 대응하여 법적, 제도적인 대안의 마련과 교사들의 역량 강화, 소수자를 보호하기 위한 정책의 실행 등에서 여전히 미흡한 면이 있다.

뒤늦게 민주시민교육과를 설치한 서울시교육청의 경우, 최근 교복과 두발 공론화 위원회 등 생활 밀착형 민주시민교육정책을 제안하여 추진 중이다. 또한 성인권정책전문관을 설치하고 스쿨미투 핫라인을 설치하는 등 변화하는 사회와 학교 상황에 맞게 성인권 보호를 위한 정책을 강화하여 추진 중이다. 전라북도교육청의 경우도 민주시민교육과 안에 학생인권교육센터를 설치하고 성인권 침해 사안 조사와 보호를 위한 정책을 추진 중이다. 다만 그러한 정책들이 학교현장에서 다양한 소수자(여성, 이주민, 성소수자, 빈곤층 등)에 대한 혐오를 넘어 적극적인 보호와 의식 개선으로 나아가기 위해서는 갈 길이 멀어보인다.

다양하고 중층적인 사회문제의 발생과 그에 따른 혐오의 문제를 제대로 인식하고 소수자에 대한 차별을 금지하고 인권을 보호하기 위한 적극적인 민주시민교육으로의 질적인 전환이 필요한 시점이다.

3) 교육과정과 교과서

평등하고 안전한 학교를 만들기 위해 교육과정과 교과서의 개선이 필요하다. 먼저 교육과정 총론에서 소수자 인권 보호와 차별 금지의 방향을 명확히 제시해야 한다. 가령, 현재 시행 중인 2015 개정 교육과정 총론에서 추구하는 인간상은 다음과 같다.

> 가. 전인적 성장을 바탕으로 자아 정체성을 확립하고 자신의 진로와 삶을 개척하는 자주적인 사람
>
> 나. 기초 능력의 바탕 위에 다양한 발상과 도전으로 새로운 것을 창출하는 창의적인 사람
>
> 다. 문화적 소양과 다원적 가치에 대한 이해를 바탕으로 인류 문화를 향유하고 발전시키는 교양 있는 사람
>
> 라. 공동체의식을 가지고 세계와 소통하는 민주시민으로서 배려와 나눔을 실천하는 더불어 사는 사람

이 가운데 '라. 공동체의식을 가지고 세계와 소통하는 민주시민으로서 배려와 나눔을 실천하는 더불어 사는 사람'이 앞에서 강조한 소수자의 인권 보호를 실천하는 민주시민교육과 맞닿아 있다. 추상적인 배려와 나눔 보다는 '소수자의 인권을 보호하고 차별하지 않는 사람'으로 수정하는 것이 바람직하다.

국가수준 교육과정 총론에는 이미 '모든 학생을 위한 교육기회의 제공과 교육활동 전반을 통하여 남녀의 역할, 학력과 직업, 거주지 이전, 인종, 민족 등에 대한 편견을 가지지 않도록 지도한다'는 내용이 포함되어 있다. 이미 제시되어 있는 교육과정의 내용이 현장인 학교에서 충분히 실천되기 위한 해설서, 지침 등의 마련이 요구된다. 또한 이왕에 마련된 교육과정의 내용에 '성별, 성정체성, 장애(신체조건), 병력, 외모, 나이, 출신 국가, 출신 민족, 인종, 피부색, 언어, 출신 지역 등' 광범위한 차별의 요인을 제시하여 학교교육에서 일체의 차별이 발생하지 않도록 할 필요가 있다.

사회과를 비롯해 도덕과, 국어과 등 교과 교육내용에 성차별을 금지하고 젠더감수성을 높이기 위한 내용을 적극적으로 포함시키는 것도 필요하다. 이를 위해 교육과정을 개정할 때 교육부와 시도교육청 관련 학회와 시민단체 등이 학교교육을 성찰하고 숙의하는 과정이 필요하다.

학교교육을 개선하여 평등하고 안전한 학교를 만들기 위해서는 교육과정 못지않게 중요한 것이 교과서이다. 지금의 학교교육 교과서는 성별불평등을 조장하고 장애인차별, 인종차별 등의 사례가 빈번하게 등장한다.

이 문제점을 개선하기 위해 학교에서 시수를 별도로 마련하여 평등교육, 차별금지교육을 하는 것도 필요하지만, 가장 좋은 해결 방법은 교과서의 지문과 삽화를 평등하고 차별적이지 않은 내용으로 바꾸는 것이다. 더불어 학교에서 혐오와 차별에 대처하는 수업을 학교에서 진행할 수 있도록 제도 개선이 필요하다.

4) 교원 교육

학교 안 혐오 현상의 대응이나 차별 없는 학교를 만들기 위한 학교 차원의 노력에 있어 가장 중요한 주체는 교사이다. 교사에 의한 혐오 표현과 차별적 언행의 문제는 가볍게 여길 정도가 아니다. 그리고 교사들이 소수자 문제와 차별 및 혐오 문제에 대해서 잘 모르고 있거나 부적절한 관점을 가지고 있는 경우가 적지 않기 때문에 학생들은 학교 안 혐오 현상이 일어나거나 차별 등의 인권침해를 경험했을 때에도 교사에게 도움을 요청하지 않는 경향이 있다. 뿐만 아니라 교사들이 학교 안 차별과 혐오의 문제에 둔감할 경우, 관련 사안이 학교에서 발생한다고 해도 이를 적절하게 해결할 수 있는 가능성은 낮다. 교사들의 인식과 태도가 변화되면 그 파급효과가 아주 클 것이며, 반대로 교사들이 차별적인 고정관념을 가지고 있으면, 학교 안 혐오 현상의 극복은 요원할 수밖에 없다.

따라서 교사들이 차별과 혐오 문제에 대한 감수성을 갖고, 학교 안에서 자신들의 역할을 인지하며, 학교 구성원들에게 이러한 문제가 발생했을 경우 어떻게 해결할 것인가와 관련된 지식을 갖는 것은 학교 안 혐오 현상 극복에 있어 필수적인 과제이다.

우선, 단위학교의 자치와 자율을 인정하는 부분과 별개로 인권감수성 교육이나 혐오 현상에 대한 교육 등은 시도교육청 차원에서 분명한 기준을 갖고 실시하는 것이 필요하다.

현재 교사들에게 실시하고 있는 소수자와 인권 관련 교육들을 체계화하고 이를 교사들에게 어떻게 교육시킬지에 대한 계획을 시도교육청 차원에서 수립할 필요가 있다.

차별과 혐오 문제를 극복하기 위한 시도교육청 차원의 정책 방안은 교육청이 실행하고자 하는 교육정책의 우선순위가 되어야 한다. 구체적이고 명시적인 정책들을 계획하고 실행하는 것도 중요하지만, 정책의 안정성과 지속성 확보를 위해서 교육청 차원에서 학교 안 혐오 현상이 주요한 정책 과제 중 하나가 되어야 할 것이다. 이를 위해 위에서 제시된 시도교육청 차원의 정책 방안들이 교육청의 중장기 교육발전계획 혹은 기본교육계획 등에 우선순위를 가지고 포함되어야 할 것이다.

다만, 늘어나는 의무 연수로 인해 교사들이 겪게 될 연수 피로를 줄이기 위해 유사한 내용의 다른 연수(성폭력·성희롱 예방, 인권교육, 청렴 연수 등)들과 통합하여 운영하는 방안을 모색할 필요가 있다.

맺음말

이 책의 출발은 소수자 집단의 생존과 존엄을 위협하는 혐오 현상이 학교 안에서도 발견되고 있다는 심각한 교육 현실에 대한 우려였다. 학교 안 혐오 현상에 대한 보도가 불러일으키는, 청소년 세대에 대한 부정적인 관심을 넘어 실제로 학교 안에서 혐오 현상이 일어나고 있는지, 그 양상은 어떠한지 살펴보았다. 너른중학교 2학년 1반 학생들과 만나며 알게 된 학교 안 혐오 현상은 삼십대 이상의 저자들에게 깊은 고민을 안겨주었다. 저자들은 이 현상들을 자극적이거나 선정적으로 드러내지 않으려고 노력하면서, 학교 안 혐오 현상이 왜, 어떻게 일어나고 있는지, 이에 대한 학생들 스스로의 대응은 무엇인지, 이를 극복하기 위해 교육계는 무엇을 어떻게 해야 할 것인지 차근차근 이야기하고자 했다.

이 책의 저자 모두 학교교육이 모든 구성원에게 안전하고 차별 없는 교육이 될 수 있을 때, 민주적인 사회의 건강한 시민을 길러낼 수 있을 것이라는 믿음을 공유했으며, 책의 첫머리에 던진, '한국사회는 학교교육을 통해 어떤 시민을 길러내고 있는가?'라는 물음에 답하기 위해 최선을 다했다.

우선 그간의 이론 논의를 검토하여 사회적 현상으로서의 혐오의 의미와 개념의 범위, 혐오 표현 및 혐오 현상의 정의를 살펴보았다. 그리고 적대성의 정도에 따른 혐오 표현 유형을 정리하고, 사회적 소수자 개념도 논의했다. 그간의 이론적 논의들을 검토한 결과, 학교 안에서 차별과 배제, 낙인의 문제는 오랜 역사를 갖는다는 것을 알 수 있었다. 다양한 소수자 집단이 함께 교육받고 있는 학교는 공공성을 기반으로 모두에게 열려 있다는 점에서 평등해보이지만, 실제로는 차별이 이루어지는 공간이다. 관련 선행연구의 논의들은 이 차별의 문제를 해결하기 위해서 소수자 집단에 속한 학생들의 입장에서 학교교육을 다시 조명할 필요가 있음을 시사한다. 학교 안 혐오 현상에 대한 주목과 분석은 이러한 문제의식의 연장선에 있다.

학교 안 혐오 현상의 구체적인 양상을 들여다보기 위해 수도권 대도시에 위치한 너른중학교 2학년 1반 학생들을 대상으로 심층면담과 참여관찰을 진행했으며, 이를 통해 자료를 수집하고 분석했다. 분석 결과는 혐오 현상의 대상, 혐오 현상의 유형, 혐오 현상에 대한 대응으로 나누어 제시했다.

연구 과정에서 학교 안 혐오 현상의 구체적인 모습들을 발견할 수 있었고, 이 현상은 학생들이 경험하는 일상 속에서 다양한 내용과 방식으로 이루어지고 있음에도 불구하고 그 구성원들에게는 심각한 문제로 받아들여지지 않음을 알 수 있었다. 학생들은 혐오 현상을 일상의 장난으로 여겼고, 교사들은 학생들이 사용하는 혐오 표현의 실태와 혐오의 상황들을 잘 알지 못하거나 알아도 문제시하지 않았다. 이러한 상황은 학교 안 혐오 현상에 대한 교육적인 대응과 과제의 도출이 시급함을 의미한다.

학교 안 혐오 현상 중에서 여성혐오가 가장 두드러지게 나타났다. 특히, 여성의 외모를 둘러싼 성차별적인 젠더 정치학이 학교와 교실에서도 지배적이며, 일부 남학생들은 여학생들의 외모에 대한 평가를 일상적으로 하고, 모욕적인 혐오 표현을 적지 않게 하고 있었다. 여학생들은 예쁘고 날씬한 외모가 여성의 중요한 과제라고 내면화하고, 외모 꾸미기를 일상적으로 성실하게 수행하고 있었다. 하지만 학교 안에서 통용되고 있는 여성의 외모에 대한 기준은 매우 구체적이고 미시적이기 때문에 대다수의 여학생들은 이 기준에 도달하기 어렵다. 자신의 외모가 타인에 의하여 평가되고 외모를 이유로 혐오의 대상이 될 수 있는 상황 속에서 여학생들은 긍정적인 자아 정체감을 형성하기 어려울 수밖에 없다. 더 심각한 문제는 여학생의 외모에 대한 멸시와 모욕을 담은 혐오 표현들이 여성다운 외모, 성별 고정관념에 적절한 여성성이라는 관념을 강화하고 재생산하는 역할을 한다는 것이다.

이 책에서는 학교 안 혐오 현상을 극복하는 교육의 과제를 교실과 학급 차원의 실천 및 제도 개선과 정책 방안의 마련으로 나누어 제시했다. 교실과 학급 차원의 실천으로는 학급 운영 방안과 수업 재구성 방법 및 사례를 제시했다. 제도 개선과 정책 방안은 학교 운영과 교육과정, 학생 생활과 인권 분야로 나누어 제시했으며, 실행 주체에 따라 교육부와 시도교육청으로 구분하여 교육의 과제를 도출했다.

지금 학교에서 어떤 시민을 길러내고 있는가라는 질문은 학교가 모든 구성원들에게 안전한 학습의 공간인가라는 질문과 연결된다. 학교가 한 사람의 학생도 포기하지 않는다는 것은 어떤 소수자 학생도 학교에서 차별 없이 안전하게 교육받을 수 있음을 의미한다. 학교 안에서 차별과 배제의 문제가 발생하였을 때, 이를 문제제기할 수 있는 권리와 창구가 있음을 학생들이 잘 알고 있고, 어떤 구성원의 문제제기도 건강한 토론과 풍부한 논의에 의하여 적절하게 다루어지며, 이후의 처방과 대책이 체계적으로 이루어진다면, 이 과정을 직·간접적으로 경험하는 것만으로도 민주시민교육이 될 수 있다. 다시 말해서 학교가 모든 구성원들에게 안전한 교육 공간이 된다는 것은 학교 안에서 어떤 차별과 혐오도 일어나지 않는다는 것을 의미하는 것이 아니다. 그것은 학교가 혐오와 차별 문제를 공식적인 학교 공동체의 문제로 다루고 해결할 수 있는 역량과 의지를 가지고 있음을 의미한다. 평화는 갈등 없음이 아니라 침묵의 반대말이기 때문이다. 모든 학생들이 차별 없이 교육받을 수 있도록 노력하는 학교는 그 자체로 민주시민 교육의 장이다.

학교 안 혐오 현상을 극복하기 위한 교육의 과제를 도출하는 과정에서 저자들은 여기서 제시한 대다수의 과제들이 이전에도 여러 차례 반복되어 제출되었지만 미결인 채로 남아있는 것들임을 확인할 수 있었다. 예컨대, 페미니즘 교육이나 교과서 개정 등의 과제는 이전에도 여러 번 논의된 적이 있지만 여전히 해결되지 않았다. 간담회나 전문가협의회에 참여한 교사와 전문가들은 이렇게 구체적인 정책 방안이나 해결책들이 반복하여 등장하는 것은 더 큰 구조나 체계의 변화가 없었기 때문이라고 주장했다. 구조와 제도, 체계의 변화 없이 구체적이고 지엽적인 정책의 실행으로 학교 안 차별, 혐오, 인권침해의 문제가 해결되기는 어려울 것이다.

민선 교육감 시대가 열리면서 새로운 교육 패러다임, 즉 혁신교육과 민주시민교육 등의 흐름이 일련의 의미 있는 변화들을 만들어왔음에도 불구하고 학교교육의 지배적인 패러다임은 여전히 학업성취와 대학입시, 교육의 성과와 능력주의를 중심으로 하고 있다. 대다수의 '평범한' 학교에서 일상적으로 중요하게 여겨지는 사안들은 학교 구성원들의 평등하고 안전한 교육공동체 구현과는 거리가 있다. 뿐만 아니라 학교 안 소수자 집단의 경험과 현실은 교육정책의 중심 의제가 아니며, 학교 구성원 간 차별과 혐오 문제 또한 교육 관련 논의의 핵심적인 내용이 아니었다.

학교교육이 표방하고 있는 평등 교육은 모든 구성원들에게 안전한 교육을 의미하며, 건강한 시민은 학교 안 다양한 문제들을 스스로 인식하고 해결하는 과정에서 길러진다. 학교 안 혐오 현상에 대한 극복은 소수자 집단에 속한 학생들만을 위한 것이 아니다. 차별과 혐오의 대상이 되는 소수자 집단 학생들의 안전과 평화가 보장되는 학교는 모든 구성원들이 보다 건강하고 평화롭게 그리고 평등하게 배우고 성장할 수 있는 교육 공간이 될 것이다.

덧붙이자면, 이 책이 다루고 있는 학교 안 혐오 현상은 요즘 세대인 학생들이 얼마나 적대적이고 공격적인지를 보여주기 위함이 아니다. 학생을 비롯한 학교 구성원들이 도덕적, 사회적으로 문제가 있는 존재들임을 보여주는 것도 이 책의 목적과는 거리가 멀다. 여기서 드러난 학교 안 혐오 현상이 너른중학교만의 문제가 아니라고 여겨진다면, 학교라는 제도와 체제가 갖고 있는 문제가 무엇인지 고민해봐야 한다. 학교 안 혐오 현상을 구조나 문화의 문제가 아니라 개별 청소년의 성향 문제로 여기거나 남성 청소년을 어떤 특성으로 본질화하는 것은 문제해결을 더 요원하게 한다. 그보다는 사회 전반의 문화와 규율, 학교의 질서와 규범을 비롯한 다양한 요인들이 이 학생들로 하여금 혐오 표현을 쓰고 혐오 현상을 주도하도록 만들었다고 보는 것이 적절하다. 학생들에 의한 혐오와 차별 표현은 기성세대와 학교가 만들어놓은 차별과 위계, 혐오 문화가 반영된 결과이다. 그런데도 학생들은 문제적인 집단으로 악마화 되어 시시때때로 언론의 공격을 받는다.

이러한 혐오 현상에 대한 비판의 방향은 청소년들만이 아니라 이러한 혐오를 가능하게 하는 학교 체제와 제도, 혐오 콘텐츠를 생산해내는 제작자들에게 향해야 한다. 그럼에도 여러 언론보도를 통해 청소년은 혐오 표현을 적극적으로 퍼뜨리는 사회문제 현상의 주인공이 되었다. 이는 청소년 혐오 현상의 연장선이며, 학교 안 혐오 현상을 개인의 문제, 세대의 문제로 해석하는 오류라고 할 수 있다. 이 연구에서 밝힌 학교 안 혐오 양상 또한 연구 참여 학교의 학생들의 문제로 돌리는 것이 아니라 이러한 현상이 일어날 수 있는 맥락과 토양에 대한 교육적 고민의 촉발점이 되어야 할 것이다.

한편, 연구 참여 학교에서는 다른 학교들에서 나타나는 다문화 학생, 장애 학생, 빈곤 학생에 대한 차별과 혐오가 잘 드러나지 않았는데, 이는 이 학교 학생 구성이 매우 동질적이기 때문이다. 연구 참여 학교가 가진 특성이 학교 안 혐오 현상의 범위와 내용을 규정하는 측면이 있다. 따라서 지역, 계층, 학교급에 따른 학교 안 혐오 현상을 조명하는 연구들이 이어져야 한다고 본다. 맥락과 배경에 따른 혐오 현상의 차이가 보다 풍부하게 논의되면 교육 과제 도출도 보다 구체적이고 현실적일 수 있을 것이다.

그리고 학교 안 혐오 현상은 학생 간 상호작용 속에서 일어나기도 하지만, 교사-학생 간 그리고 교사 간에도 일어날 수 있다. 이 연구에서도 연구 설계 단계에서는 교사에 의한 혐오 표현 및 상황, 교사 간 상호작용 속에서 발견되는 혐오 현상도 분석의 대상으로 삼고자 했다. 그러나 현장에서 교사-학생 간 상호작용을 볼 수 있는 기회는 예상보다 적게 주어졌다. 수업 공개가 일상적으로 이루어지지 않는 학교문화 때문에 수업 참여관찰은 한정적으로 할 수밖에 없었고, 학교의 일상적인 모습을 관찰하는 것도 어려운 일이었다. 교사들 간 상호작용을 볼 수 있는 기회는 주어지지 않았는데, 이는 학교 현장에서 교사들 간 협의나 학습 장면을 공개하는 것은 쉬운 일이 아니었기 때문이다. 이러한 연구의 한계 때문에 여기서는 주로 학생 간 상호작용에서 드러나는 혐오 현상들을 제시할 수 밖에 없었다. 학교 안 혐오 현상을 보다 폭넓게 보기 위해서는 더 긴 기간의 참여관찰과 교사 간 상호작용을 볼 수 있는 연구 설계가 필요하다. 이에 대해서는 추후 연구 과제로 남기고자 한다.

참고문헌

김경애·류방란·김지하·김진희·박성호·이명진(2015). 학생 수 감소 시대의 미래지향적 교육체제 조성 방안. 한국교육개발원.

김경준·김희진·이민희·김윤나(2014). 한국 아동·청소년 인권실태 연구 IV: 총괄보고서. 청소년정책연구원.

김도헌(2016). 교육 분야 질적 연구의 도구로서 사진에 관한 시론적 고찰. 교육인류학연구, 19(2), pp.1~35.

김미숙(2016). 일반 고등학교 내 대안교실의 교육적 가능성과 한계. 교육사회학연구, 26(3), 31-58.

김복희·백정림(2016). 저소득층 청소년의 낙인감이 작업동맹의 매개 효과를 통해 학교적응에 미치는 영향. 社會科學硏究, 32(2), 143-165.

김수아(2017). 연결행동(Connective Action)? 아이돌 팬덤의 트위터 해시태그 운동의 명암. 문화와 사회, pp.297-336.

김아미(2017). 시각적 연구방법에 대한 인식론적·방법론적 고찰. 교육인류학연구, 20(1), pp.1~23.

김애라(2017). 차별과 혐오가 '꿀잼'인 디지털시대 학교 성문화와 성평등교육의 필요성. 서울시교육청(2017). '성평등교육정책 연속토론회3: 디지털시대 우리를 물들인 차별과 혐오의 성문화, 교육의 역할을 찾다' 자료집. 서울시교육청.

김영옥(2016). 혐오문화를 비판적으로 해체하기. 서울대학교인권센터 토론 자료집『혐오 표현의 실태와 대책(미간행)』, pp.81~88.

김요섭(2015). 통합교육 현장의 장애 학생 인권침해 실태 및 예방 방안. 특수교육, 14(3), 265-288.

김지혜(2016). 성소수자 아동청소년을 위한 포용적 교육. 동향과전망, (96), 153-178.

김소현(2016). 학업성적을 이유로 한 차별과 교육의 불평등. 법과사회, 53(-), 159-184.

김태정(2003). 학교교육의 성차별 실태와 해소 방안 연구. (국내석사학위논문), 한국교원대학교 교육대학원, 청원.

김현경(2015). 사람, 장소, 환대. 문학과지성사.
김형완(2016). 차별과 혐오, 인권의 패러다임. 서울대학교인권센터 토론 자료집 『혐오 표현의 실태와 대책(미간행)』, pp.3~12.
김호(2016). 인터넷 혐오 표현의 실태. 서울대학교인권센터 토론 자료집 『혐오 표현의 실태와 대책(미간행)』, pp.69~80.
김홍주·양승실·김순남·박승재·이쌍철·이성회·김갑성·류성창(2016). 미래지향적 교육생태계 조성을 위한 교육체제 재구조화 연구. 한국교육개발원.
나영(2016). 한국사회 혐오의 배경과 양상: 2000년대 이후를 중심으로. 서울대학교인권센터 토론 자료집 『혐오 표현의 실태와 대책(미간행)』, pp.13~28.
나영정(2016). '혐오 표현의 사례와 실태들'에 대한 토론. 서울대학교인권센터 토론 자료집 『혐오 표현의 실태와 대책(미간행)』, pp.93~99.
나윤경(2005). 여학생들의 '목소리'를 통해 드러난 남녀공학대학교의 남성중심성. 한국여성학, 21(2), 181-222.
마사 너스바움/조계원 역(2015). 『혐오와 수치심』, 민음사.
문희경(2008). 학교에서 '성적 괴롭힘'의 유형과 예방 및 규제 방안. 상담심리연구, 8(1), 1-19.
민미홍(2017). 남자고등학생의 여성혐오 인식에 영향을 미치는 요인 탐색. 서울대학교대학원 석사학위논문.
박김영희(2016). 그림자를 벗고 드러난 혐오 표현. 서울대학교인권센터 토론 자료집 『혐오 표현의 실태와 대책(미간행)』, pp.46~54.
박상준(2014). 소수자의 차별 분석과 소수자 권리 보호를 위한 통합적 접근. 법과인권교육연구 7(1), pp.79~105.
배은주. (2006). 한국 내 이주노동자 자녀들의 학교생활에서의 갈등 해결 방안-초등학교를 중심으로. 교육인류학연구, 9(2), 25-55.
서울대학교인권센터(2017). 표현의 자유를 위한 국제적 인권단체 ARTICLE 19 '혐오 표현' 해설. 서울대학교인권센터.
손희정(2015a). 혐오와 결합하고 경험하는 정동들: 정동의 인클로저를 넘어서 혐오에 대해 사유하기. 여성문학연구, 36, 117-141.
손희정(2015b). 혐오의 시대-2015년, 혐오는 어떻게 문제적 정동이 되었는가. 여/성이론 32, pp.12~42.
손희정(2016). 혐오 표현의 실태와 대책. 서울대학교인권센터 토론 자료집 『혐오 표현의 실태와 대책(미간행)』, pp.89~92.
손희정(2017). 『페미니즘 리부트: 혐오의 시대를 뚫고 나온 목소리들』, 나무연필.

수전 웬델(2013). 『거부당한 몸-장애와 질병에 대한 여성주의 철학』, 강진영, 김은정, 황지성 역, 그린비.
수전 팔루디/황성원 역(2017). 『백래시』, 아르테.
안경환(1995). 법치주의와 소수자 보호. 법과사회, 12, 6…15.
엄기호(2018). 『교사도 학교가 두렵다』, 따비.
이미나(2016). 수도권 고교생들의 양가적 성차별주의 실태조사. 시민교육연구, 48(4), 109-143.
이새암·김영훈(2016). 학교와 수치심: 가정환경조사서를 중심으로, 교육인류학연구, 19(2), 129-155.
이수광·백병부·오재길·이승준·이근영·이병곤·강일국·김기수·유성상(2015b). 4·16교육체제 비전과 전략 연구. 경기도교육연구원.
이윤화(2010). 조손가족 청소년의 자아존중감이 학교생활적응에 미치는 영향: 사회적 낙인감의 조절효과를 중심으로. 청소년복지연구, 12(4), 137-158.
이종걸(2016). 성소수자 혐오 실태와 사회적 의미. 서울대학교인권센터 토론 자료집 『혐오 표현의 실태와 대책(미간행)』, pp.56~68.
이주영(2016). 혐오 표현에 대한 국제인권법적 고찰-증오선동을 중심으로. 『혐오 표현의 실태와 대책(미간행)』.
이진숙·조아미(2012). 근거이론으로 접근한 학교폭력 피해학생의 학교적응과정. 청소년복지연구, 14(1), 333-338.
이현재(2016). 도시적 감정으로서의 여성혐오와 도시적 젠더 정의의 토대로서의 공감의 가능성 모색. 한국여성철학 25, pp.35-64.
임옥희(2016). 혐오발언, 혐오감, 타자로서의 이웃. 도시인문학연구 8(2), pp.79-100.
장서연 외(2014). 성적 지향·성별 정체성에 따른 차별 실태조사. 국가인권위원회.
전국교직원노동조합 초등위원회/보건위원회(2017). 초등 6학년 학생 성교육 실태와 성의식 조사.
전희경(2013). '예뻐지느라 아픈 시대', 여성주의로 바라보기. 2013 '다르니까 아름답다: Diversity, now!' 기획단 교육 공개강좌 자료, 한국여성민우회(4월 12일).
정재원·이은아(2017). '혐오'에서 '공존'으로: 교양교육의 역할과 여성주의 페다고지. 학습자중심교과교육연구, 17(20), pp.229~251.
정혜실(2016). 한국사회의 인종주의적 혐오 표현의 실태와 맥락. 서울대학교인권센터 토론 자료집 『혐오 표현의 실태와 대책(미간행)』, pp.29~44.

조대훈(2006). 연구논문 : 침묵의 교육과정을 넘어서: 성적 소수자의 인권과 사회과교육. 시민교육연구, 38(3), 211-239.
조철래(2015). 『미디어 글쓰기』, 커뮤니케이션북스.
주디스 버틀러/유민석 역(2016). 『혐오 발언』, 알렙.
초등성평등연구회(2018). 『학교에 페미니즘을』, 마티.
톨(2018). 『말이 칼이 될 때』 리뷰: 칼이 된 말을 학교에서는 어떻게 하면 좋을까?, 오늘의교육, 44, 177-185.
하승우, 조영선, 이계삼(2013). 『그리고 학교는 무사했다-학교폭력에 대해 말하지 않은 것들』, 교육공동체벗.
호야 외(2018). 『걸 페미니즘』, 교육공동체벗.
홍성수 외(2016). 혐오 표현 실태조사 및 규제방안 연구(2016년도 인권상황 실태조사 연구용역보고서). 국가인권위원회.
홍성수(2017). 『말이 칼이 될 때』, 어크로스.
황정임 외(2017). 초중고 교사에 의한 학생 성희롱 실태조사. 국가인권위원회.
간바라 하지메/홍상현 역(2016). 『노 헤이트 스피치』, 나름북스.
Arneback, E.(2014). Moral imagination in education: A Deweyan proposal for teachers responding to hate speech. Journal of Moral Education, 43(3), 269-281.
Cohen-Almagor, R.(2008). Hate in the Classroom: Free Expression, Holocaust Denial, and Liberal Education. American Journal of Education, 114(2), 215-241.
Heinrichs, T.(2008). Hate in the Classroom;: A Rejoinder. American Journal of Education, 115(1), 169-177.
Oravec, J. A.(2000). Countering Violent and Hate-Related Materials on the Internet: Strategies for Classrooms and Communities. Teacher Educator, 35(3), 34.
Penn, D. L., & Martin, J.(1998). The stigma of severe mental illness: Some potential solutions for a recalcitrant problem. Psychiatric Quarterly, 69(3), 235-247.
Vaught, S. E.(2012). Hate Speech in a Juvenile Male Prison School and in US Schooling. Urban Review: Issues and Ideas in Public Education, 44(2), 239-264.

삶의 행복을 꿈꾸는 교육은 어디에서 오는가?

교육혁명을 앞당기는 배움책 이야기 혁신교육의 철학과 잉걸진 미래를 만나다!

한국교육연구네트워크 총서

01 핀란드 교육혁명
한국교육연구네트워크 엮음 | 320쪽 | 값 15,000원

02 일제고사를 넘어서
한국교육연구네트워크 엮음 | 284쪽 | 값 13,000원

03 새로운 사회를 여는 교육혁명
한국교육연구네트워크 엮음 | 380쪽 | 값 17,000원

04 교장제도 혁명
한국교육연구네트워크 엮음 | 268쪽 | 값 14,000원

05 새로운 사회를 여는 교육자치 혁명
한국교육연구네트워크 엮음 | 312쪽 | 값 15,000원

06 혁신학교에 대한 교육학적 성찰
한국교육연구네트워크 엮음| 308쪽 | 값 15,000원

07 진보주의 교육의 세계적 동향
한국교육연구네트워크 엮음 | 324쪽 | 값 17,000원
2018 세종도서 학술부문

08 더 나은 세상을 위한 학교혁명
한국교육연구네트워크 엮음 | 404쪽 | 값 21,000원
2018 세종도서 교양부문

09 비판적 실천을 위한 교육학
이윤미 외 지음 | 448쪽 | 값 23,000원
2019 세종도서 학술부문

10 마을교육공동체운동: 세계적 동향과 전망
심성보 외 지음 | 376쪽 | 값 18,000원

11 학교 민주시민교육의 세계적 동향과 과제
심성보 외 지음 | 308쪽 | 값 16,000원

12 학교를 민주주의의 정원으로 가꿀 수 있을까?
성열관 외 지음 | 272쪽 | 값 16,000원

한국교육연구네트워크 번역 총서

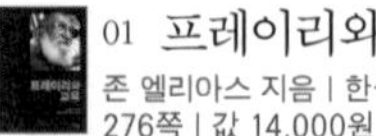
01 프레이리와 교육
존 엘리아스 지음 | 한국교육연구네트워크 옮김
276쪽 | 값 14,000원

02 교육은 사회를 바꿀 수 있을까?
마이클 애플 지음 | 강희룡 · 김선우 · 박원순 · 이형빈 옮김
356쪽 | 값 16,000원

03 비판적 페다고지는 세상을 변화시킬 수 있는가?
Seewha Cho 지음 | 심성보 외 옮김 | 280쪽 | 값 14,000원

04 마이클 애플의 민주학교
마이클 애플·제임스 빈 엮음 | 강희룡 옮김
276쪽 | 값 14,000원

05 21세기 교육과 민주주의
넬 나딩스 지음 | 심성보 옮김 | 392쪽 | 값 18,000원

06 세계교육개혁: 민영화 우선인가 공적 투자 강화인가?
린다 달링-해먼드 외 지음 | 심성보 외 옮김 | 408쪽 | 값 21,000원

07 콩도르세, 공교육에 관한 다섯 논문
니콜라 드 콩도르세 지음 | 이주환 옮김
300쪽 | 값 16,000원

08 학교를 변론하다
얀 마스켈라인·마틴 시몬스 지음 | 윤선인 옮김
252쪽 | 값 15,000원

09 존 듀이와 교육
짐 개리슨 외 지음 | 김세희 외 옮김
372쪽 | 값 19,000원

10 진보주의 교육운동사
윌리엄 헤이스 지음 | 심성보 외 옮김
324쪽 | 값 18,000원

11 사랑의 교육학
안토니아 다더 지음 | 유성상 외 옮김
412쪽 | 값 22,000원

비고츠키 선집 발달과 협력의 교육학 어떻게 읽을 것인가?

생각과 말
레프 세묘노비치 비고츠키 지음
배희철·김용호·D. 켈로그 옮김 | 690쪽 | 값 33,000원

성장과 분화
L.S. 비고츠키 지음 | 비고츠키 연구회 옮김
308쪽 | 값 15,000원

도구와 기호
비고츠키·루리야 지음 | 비고츠키 연구회 옮김
336쪽 | 값 16,000원

연령과 위기
L.S. 비고츠키 지음 | 비고츠키 연구회 옮김
336쪽 | 값 17,000원

어린이 자기행동숙달의 역사와 발달 I
L.S. 비고츠키 지음 | 비고츠키 연구회 옮김
564쪽 | 값 28,000원

의식과 숙달
L.S 비고츠키 | 비고츠키 연구회 옮김
348쪽 | 값 17,000원

어린이 자기행동숙달의 역사와 발달 II
L.S. 비고츠키 지음 | 비고츠키 연구회 옮김
552쪽 | 값 28,000원

분열과 사랑
L.S. 비고츠키 지음 | 비고츠키 연구회 옮김
260쪽 | 값 16,000원

어린이의 상상과 창조
L.S. 비고츠키 지음 | 비고츠키 연구회 옮김
280쪽 | 값 15,000원

성애와 갈등
L.S. 비고츠키 지음 | 비고츠키 연구회 옮김
268쪽 | 값 17,000원

비고츠키와 인지 발달의 비밀
A.R. 루리야 지음 | 배희철 옮김 | 280쪽 | 값 15,000원

흥미와 개념
L.S. 비고츠키 지음 | 비고츠키 연구회 옮김
408쪽 | 값 21,000원

정서학설 I
L.S. 비고츠키 지음 | 비고츠키 연구회 옮김
584쪽 | 값 35,000원

정서학설 II
L.S. 비고츠키 지음 | 비고츠키 연구회 옮김
480쪽 | 값 35,000원

수업과 수업 사이
비고츠키 연구회 지음 | 196쪽 | 값 12,000원

관계의 교육학, 비고츠키
진보교육연구소 비고츠키교육학실천연구모임 지음
300쪽 | 값 15,000원

비고츠키의 발달교육이란 무엇인가?
비고츠키교육학실천연구모임 지음 | 412쪽 | 값 21,000원

비고츠키 생각과 말 쉽게 읽기
진보교육연구소 비고츠키교육학실천연구모임 지음
316쪽 | 값 15,000원

비고츠키 철학으로 본 핀란드 교육과정
배희철 지음 | 456쪽 | 값 23,000원

교사와 부모를 위한 비고츠키 교육학
카르포프 지음 | 실천교사번역팀 옮김
308쪽 | 값 15,000원

비고츠키와 마르크스
앤디 블런던 외 지음 | 이성우 옮김 | 388쪽 | 값 19,000원

혁신학교
성열관·이순철 지음 | 224쪽 | 값 12,000원

대한민국 교사, 어떻게 가르칠 것인가?
윤성관 지음 | 320쪽 | 값 15,000원

행복한 혁신학교 만들기
초등교육과정연구모임 지음 | 264쪽 | 값 13,000원

아이들을 어떻게 가르칠 것인가
사토 마나부 지음 | 박찬영 옮김 | 232쪽 | 값 13,000원

서울형 혁신학교 이야기
이부영 지음 | 320쪽 | 값 15,000원

모두를 위한 국제이해교육
한국국제이해교육학회 지음 | 364쪽 | 값 16,000원

혁신교육, 철학을 만나다
브렌트 데이비스·데니스 수마라 지음
현인철·서용선 옮김 | 304쪽 | 값 15,000원

경쟁을 넘어 발달 교육으로
현광일 지음 | 288쪽 | 값 14,000원

혁신교육 존 듀이에게 묻다
서용선 지음 | 292쪽 | 값 16,000원

다시 읽는 조선 교육사
이만규 지음 | 750쪽 | 값 33,000원

대한민국 교육혁명
교육혁명공동행동 연구위원회 지음
224쪽 | 값 12,000원

핀란드 교육의 기적
한넬레 니에미 외 엮음 | 장수명 외 옮김
456쪽 | 값 23,000원

한국 교육의 현실과 전망
심성보 지음 | 724쪽 | 값 35,000원

독일의 학교교육
정기섭 지음 | 536쪽 | 값 29,000원

경쟁과 차별을 넘어 평등과 협력으로 미래를 열어가는 교육 대전환! 혁신교육 현장 필독서

교실 속으로 간 이해중심 교육과정
온정덕 외 지음 | 224쪽 | 값 13,000원

포스트 코로나 시대의 교육
성열관 외 지음 | 224쪽 | 값 15,000원

내일 수업 어떻게 하지?
아이함께 지음 | 300쪽 | 값 15,000원

학교의 미래,
전문적 학습공동체로 열다
새로운학교네트워크·오윤주 외 지음 | 276쪽 | 값 16,000원

마을교육공동체
생태적 의미와 실천
김용련 지음 | 256쪽 | 값 15,000원

학교폭력, 멈춰!
문재현 외 지음 | 348쪽 | 값 15,000원

학교를 살리는 회복적 생활교육
김민자·이순영·정선영 지음 | 256쪽 | 값 15,000원

삶의 시간을 잇는 문화예술교육
고영직 지음 | 292쪽 | 값 16,000원

미래교육을 디자인하는
학교교육과정
박승열 외 지음 | 348쪽 | 값 18,000원

아이들을 어떻게 가르칠 것인가
사토 마나부 지음 | 박찬영 옮김 | 232쪽 | 값 13,000원

코로나 시대,
마을교육공동체운동과 생태적 교육학
심성보 지음 | 280쪽 | 값 17,000원

혐오, 교실에 들어오다
이혜정 외 지음 | 232쪽 | 값 15,000원

수업, 슬로리딩과 함께
박경숙 외 지음 | 268쪽 | 값 15,000원

교실 속으로 간 이해중심 통합교육과정
온정덕 외 지음 | 224쪽 | 값 15,000원

초등 백워드 교육과정
설계와 실천 이야기
김병일 외 지음 | 352쪽 | 값 19,000원

학습격차 해소를 위한 새로운 도전
보편적 학습설계 수업
조윤정 외 지음 | 240쪽 | 값 15,000원

마을교육공동체란 무엇인가?
서용선 외 지음 | 360쪽 | 값 17,000원

강화도의 기억을 걷다
최보길 지음 | 276쪽 | 값 14,000원

체육 교사, 수업을 말하다
전용진 지음 | 304쪽 | 값 15,000원

평화의 교육과정 섬김의 리더십
이준원·이형빈 지음 | 292쪽 | 값 16,000원

마을교육과정을 그리다
백윤애 외 지음 | 336쪽 | 값 16,000원

혁신교육지구와 마을교육공동체는
어떻게 만들어지는가?
김태정 지음 | 376쪽 | 값 18,000원

서울대 10개 만들기
김종영 지음 | 348쪽 | 값 18,000원

선생님, 통일이 뭐예요?
정경호 지음 | 252쪽 | 값 13,000원

함께 배움
학생 주도 배움 중심 수업 이렇게 한다
니시카와 준 지음 | 백경석 옮김 | 280쪽 | 값 15,000원

다정한 교실에서 20,000시간
강정희 지음 | 296쪽 | 값 16,000원

물질과의 새로운 만남
베로니카 파치니-케처바우 외 지음 | 240쪽 | 값 15,000원

그림책으로 만나는 인권교육
강진미 외 지음 | 272쪽 | 값 18,000원

수업 고수들
수업·교육과정·평가를 말하다
박현숙 외 지음 | 368쪽 | 값 17,000원

아이들의 배움은 어떻게 깊어지는가
이시이 쥰지 지음 | 방지현·이창희 옮김
200쪽 | 값 11,000원

미래, 공생교육
김환희 지음 | 244쪽 | 값 15,000원

들뢰즈와 가타리를 통해 **유아교육 읽기**
리세롯 마리엣 올손 지음 | 이연선 외 옮김
328쪽 | 값 17,000원

혁신고등학교, 무엇이 다른가?
김현자 외 지음 | 344쪽 | 값 18,000원

시민이 만드는 교육 대전환
심성보·김태정 지음 | 248쪽 | 값 15,000원

평화교육
과거, 현재 그리고 미래를 그리다
모니샤 바자즈 외 지음 | 권순정 외 옮김
268쪽 | 값 18,000원

대전환 시대 **변혁의 교육학**
진보교육연구소 교육과정연구모임 지음
400쪽 | 값 23,000원

교육의 미래와 학교혁신
마크 터커 지음 | 전국교원양성대학교 총장협의회 옮김
332쪽 | 값 19,000원

남도 임진의병의 기억을 걷다
김남철 지음 | 288쪽 | 값 18,000원

프레이리에게 변혁의 길을 묻다
심성보 지음 | 672쪽 | 값 33,000원

다시, 혁신학교!
성기신 외 지음 | 300쪽 | 값 18,000원

왜 체 게바라인가
송필경 지음 | 320쪽 | 값 19,000원

풀무의 삶과 배움
김현자 지음 | 352쪽 | 값 20,000원

비고츠키 아동학과 글쓰기 교육
한희정 지음 | 300쪽 | 값 18,000원

즐거운 세계사 수업
김은석 지음 | 328쪽 | 값 13,000원

밥상혁명
강양구·강이현 지음 | 298쪽 | 값 13,800원

학교를 개선하는 교장
지속가능한 학교 혁신을 위한 실천 전략
마이클 풀란 지음 | 서동연·정효준 옮김 | 216쪽 | 값 13,000원

선생님, 민주시민교육이 뭐예요?
염경미 지음 | 244쪽 | 값 15,000원

교육혁신의 시대
배움의 공간을 상상하다
함영기 외 지음 | 264쪽 | 값 17,000원

도덕 수업, 책으로 묻고 윤리로 답하다
울산도덕교사모임 지음 | 320쪽 | 값 15,000원

교육과 민주주의
필라르 오카디즈 외 지음 | 유성상 옮김
420쪽 | 값 25,000원

교육회복과 적극적 시민교육
강순원 지음 | 228쪽 | 값 15,000원

비판적 미디어 리터러시 가이드
더글러스 켈너·제프 셰어 지음 | 여은호·원숙경 옮김
252쪽 | 값 18,000원

지속가능한
마을, 교육, 공동체를 위하여
강영택 지음 | 328쪽 | 값 18,000원

백워드로 설계하고 피드백으로 완성하는
성장중심평가
이형빈·김성수 지음 | 356쪽 | 값 19,000원

우리 교육, 거장에게 묻다
표혜빈 외 지음 | 272쪽 | 값 17,000원

교사에게 강요된 침묵
설진성 지음 | 296쪽 | 값 18,000원

마을, 그 깊은 이야기 샘
문재현 외 지음 | 404쪽 | 값 23,000원

비난받는 교사
다이애나 폴레비치 지음 | 유성상 외 옮김
404쪽 | 값 23,000원

한국교육운동의 역사와 전망
하성환 지음 | 308쪽 | 값 18,000원

참된 삶과 교육에 관한 생각 줍기